Elogios para *Inovação como Rotina*

"Os autores oferecem argumentos convincentes para a inovação altamente focada e como os líderes em todos os níveis podem se tornar arquitetos de um ambiente que transforma a inovação e a criatividade em um comportamento rotineiro."

— Lise Kingo, vice-presidente executiva, Novo Disk A/S

"Em nosso mundo em mutação, a inovação como rotina não é uma receita para o sucesso. A boa inovação normalmente é. *Inovação como Rotina* inspira e sugere abordagens práticas para construir o tipo de cultura organizacional que estimula comportamentos inovadores."

— Jan Mattsson, diretor executivo, UNOPS

"*Inovação como Rotina* é uma leitura fabulosa que o induz a conduzir sua equipe a se concentrar, escolher e persistir na inovação durante o trabalho. É um livro de orientação prática para todos os gestores."

— Narayana Murthy, presidente emérito, Infosys Limited

"Uma única ideia pode mudar o mundo inteiro – assim como o uso de contêineres mudou o mundo dos transportes. O futuro de toda empresa depende de sua capacidade para investir em ideias aparentemente simples e que poderiam criar o seu próprio momento de "conteinerização". Este livro oferece uma proposta brilhante para conseguir isso."

— Michael Pram Rasmussen, presidente, A.P.Møller – Mærsk A/S

"Este livro transpira otimismo e oportunidade, além de fornece um arcabouço prático para criar um ambiente inovador e vitorioso."

— Rory Simpson, *chief learning officer*, Telefónica Group

"Este livro é sobre uma ideia cuja hora chegou. Um guia eminentemente prático sobre como converter ideias inovadoras em um sucesso comercial."

— Vijay Govindarajan, professor, Tuck School of Business do Dartmouth College; autor best-seller, *Reverse Innovation*

"*Inovação como Rotina* mostra a você como fazer a inovação acontecer regularmente dentro da sua equipe. Uma leitura rica e fascinante."

— Jørgen Vig Knudstorp, CEO, The LEGO Group

"*Inovação como Rotina* é repleto de ideias poderosas e orientações práticas para os aspirantes a inovador. Um excelente guia para as pessoas que querem transformar o mundo em um lugar melhor."

— Jessica Jackley, cofundadora, Kiva; *venture partner*, Fundo de Colaboração

"Há muito tempo procuro por este livro! *Inovação como Rotina* fornece um processo fácil de instaurar, destinado a organizar os instintos inovadores das pessoas na nossa empresa."

— Jacob Holm, presidente e CEO, Fritz Hansen A/S

"Os autores desafiam a noção de que a inovação não pode acontecer como parte integrante das atividades diárias de cada líder. Este livro está repleto de eventos vívidos e de ótimas táticas para assegurar uma execução consistente de novas ideias, estimulantes para qualquer líder dentro de uma empresa. É uma ótima leitura!"

— Frans Johansson, CEO, The Medici Group; autor de *The Medici Effect* e *The Click Moment*

"Se você está cansado de ler sobre inovação como algo sem densidade e quer criar resultados fazendo coisas novas, este livro é para você."

— Joergen Bardenfleth, diretor de estratégia, Microsoft International; presidente, Symbion.

INOVAÇÃO
^ NEGÓCIOS
como ROTINA

INOVAÇÃO
NEGÓCIOS
como ROTINA

COMO AJUDAR SEUS COLABORADORES A TRANSFORMAR IDEIAS CRIATIVAS EM REALIDADE

PADDY MILLER
THOMAS WEDELL-WEDELLSBORG

M.Books do Brasil Editora Ltda.

Rua Jorge Americano, 61 - Alto da Lapa
05083-130 - São Paulo - SP - Telefones: (11) 3645-0409/(11) 3645-0410
Fax: (11) 3832-0335 - e-mail: vendas@mbooks.com.br
www.mbooks.com.br

Dados de Catalogação da Publicação

MILLER P., e WEDELL-WEDELLSBORG, T.
Inovação como Rotina: Como ajudar seus colaboradores a transformar ideias criativas em realidade/Paddy Miller e Thomas Wedell-Wedellsborg.
2013 – São Paulo – M.Books do Brasil Editora Ltda.

1. Administração 2. Marketing 3. Estratégia de Negócios

ISBN 978-85-7680-221-1

© 2013 Paddy Miller and Thomas Wedell-Wedellsborg
© 2013 M.Books do Brasil Editora Ltda.
Do original em inglês: Innovation as usual: how to help your people bring great ideas to life.
Publicado em inglês pela Harvard Business Review Press

Editor
Milton Mira de Assumpção Filho

Tradução
Luis Claudio de Queiroz Faria

Produção Editorial
Lucimara Leal

Coordenação Gráfica
Silas Camargo

Editoração e Capa
Crontec

2013
Proibida a reprodução total ou parcial.
Os infratores serão punidos na forma da lei.
Direitos exclusivos cedidos à
M.Books do Brasil Editora Ltda.

Para Sara e Marjorie

Para Gitte e Henrik (vulgo mor og far)

SUMÁRIO

1 INOVAÇÃO COMO ROTINA 15

Como Mudar o que as Pessoas Fazem Diariamente

*Faz parte das funções de um líder ajudar
o seu pessoal a inovar*

2 FOCO 47

Como Fazer as Pessoas se Concentrarem
Nas Ideias que Interessam

*O foco é mais importante do que a liberdade.
Os líderes devem limitar e direcionar a busca pela inovação*

3 CONECTAR 67

Como Ajudar as Pessoas a Terem
Ideias de Alto Impacto

*A percepção vem de fora
Os líderes precisam ajudar o seu pessoal a
se conectar com os clientes, colegas e outros*

4 AJUSTE 91

Como Ajudar as Pessoas a Aperfeiçoarem Suas Ideias

*As primeiras ideias são imperfeitas
Os líderes precisam fazer com que as pessoas testem, contestem
e reformulem suas ideias repetidamente*

5 SELECIONAR 115

Como Transformar as Pessoas em *Gatekeepers* Mais Eficientes

A maior parte das ideias é ruim
Os líderes precisam ajudar os gatekeepers *a avaliarem*
subjetivamente e filtrarem melhor as ideias novas

6 STEALTHSTORM 137

Como Ajudar as Pessoas a Compreenderem a Política de Inovação

Regras do stealthstorming
Os líderes precisam ajudar as pessoas a lidarem com a política
da empresa

7 PERSISTIR 155

Como Aumentar a Motivação Pessoal dos Funcionários para Inovar

A criatividade é uma escolha
Os líderes precisam ajudar os seus funcionários a
persistirem na busca pela inovação

EPÍLOGO 173

O Problema da Manhã de Segunda-Feira

O que você vai fazer nos próximos vinte minutos é a
diferença entre o fracasso e o sucesso

Apêndice A: Leitura Complementar	*177*
Apêndice B: Definição de Inovação	*185*
Apêndice C: Quatro Boas Razões para Inovar	*189*
Notas	*193*
Índice	*201*
Agradecimentos	*209*
Sobre os Autores	*215*

DEFINIÇÕES
INOVAÇÃO

Criar resultados fazendo coisas novas

ARQUITETO DE INOVAÇÃO

Aquele que faz as *outras* pessoas inovarem ao modificar
o ambiente no qual elas trabalham

CAPÍTULO 1

INOVAÇÃO COMO ROTINA

COMO MUDAR O QUE AS PESSOAS FAZEM DIARIAMENTE

Faz parte das funções de um líder ajudar
o seu pessoal a inovar

Alguns anos atrás, em um jantar casual, a conversa se voltou para o tema da inovação quando um de nossos amigos, um gestor em uma grande empresa, reconheceu:

Estou começando a achar que meus funcionários simplesmente não são muito inovadores. São pessoas inteligentes e todos nós sabemos da importância da inovação – mas no final do expediente simplesmente continuamos fazendo as mesmas coisas antiquadas que sempre fizemos. Não sei bem o que fazer a respeito disso.

Este livro é a nossa resposta a esse comentário. É um livro de orientações práticas, escrito para gestores e líderes, e mostra como você pode ajudar os seus funcionários a serem mais inovadores para que isto faça parte do seu trabalho diário. Essa capacidade – ajudar *outras* pessoas a inovarem – não é importante apenas para a alta gestão, mas é uma habilidade da qual todo gestor pode se beneficiar. Assim, este livro não se destina aos CEOs e diretores de inovação, nem está focado nas áreas clássicas de inovação, como os departamentos de P&D, ou nas equipes de risco corporativo. Pelo contrário, ele se destina diretamente aos líderes *locais*, que travam a real batalha nas linhas de frente da empresa, trabalhando com o pessoal à sua disposição e com tempo e orçamento limitados. Em suma, este livro mostra como obter o que você poderia chamar de *inovação como rotina*: uma condição em que seus funcionários, em atividades comuns, como finanças, marketing, vendas ou operações, fazem a inovação acontecer como parte integrante das suas tarefas diárias.

Escolhas Criativas:
A Possibilidade da Inovação

O ponto de partida está em perceber alguma coisa importante: a inovação pode parecer um fenômeno ilusório, mas a *possibilidade* de inovar permeia as nossas vidas. Pense nisto: todos os dias as pessoas se deparam com a oportunidade de tentar algo novo, fazer algo diferente do que fizeram ontem. Brinque com uma ideia nova. Teste uma nova ferramenta. Experimente uma nova tática com um cliente. Busque novos insumos. Utilize um estilo de gestão diferente. Modifique a maneira de fazer as reuniões. Como uma realidade paralela, adjacente à nossa realidade, a oportunidade de inovar sempre está conosco: toda vez que optamos por fazer as coisas sempre do mesmo modo *poderíamos* igualmente ter optado por mudar um pouco a rotina e ver o que acontece.

Chamamos isso *escolha criativa* e, em certo sentido, é o menor elemento básico possível da inovação: o ato de se desviar da norma, afastar-se da pura rotina por um breve momento. Talvez o sentimento seja mais bem capturado pelos versos do poema de Robert Frost: "A Estrada Não Tomada":

Duas estradas divergem em uma floresta,

E eu opto pela menos percorrida
E isso fez toda a diferença.

À medida que você ler este livro, observará que gostamos de usar várias imagens e metáforas para falar sobre inovação; acreditamos muito no poder de uma imagem como uma ferramenta útil para a reflexão, especialmente quando falamos sobre temas notoriamente vagos, como inovação, cultura e similares. Aqui, introduzimos uma comparação fundamental que empregamos no livro inteiro: pensar a respeito do comportamento inovador como uma escolha entre duas estradas em uma floresta.

Assim como no poema de Frost, as pessoas se deparam com uma escolha entre duas estradas; somente para elas isto é uma escolha diária. Uma das estradas leva a fazer as coisas como sempre foram feitas, sendo esta uma estrada ampla e bem pavimentada: as pessoas a percorrem com frequência e sabem exatamente onde ela vai dar. A outra opção é seguir o caminho criativo – uma estrada nova, mais acidentada e mais sinuosa, cujo destino final é obscurecido pelas árvores. Em geral, as pessoas optam por permanecer na estrada cotidiana, todos os dias.

O Líder como um Arquiteto de Ideias

Na posição de líder, faz parte da sua função mudar isso. Mais especificamente, a abordagem que descrevemos neste livro se assenta em uma ideia central:

Sua principal tarefa como líder não é inovar; é se tornar um arquiteto da inovação, criar um ambiente de trabalho que ajude o seu pessoal a adotar comportamentos fundamentais para a inovação como parte integrante do seu trabalho diário.

Nossa abordagem contém três ideias fundamentais que queremos destacar. Primeiro, ela enfatiza que ser um líder de inovação é diferente de ser propriamente um inovador. Um grande número de líderes, seja de pequenas equipes ou de grandes empresas, é obcecado pela ideia *deles próprios* se tornarem o próximo prodígio criativo e gerar ideias brilhantes para suas empresas. Na busca por esse sonho especial, por mais nobre que ele seja, eles ignoram a primeira e mais básica tarefa de um líder: alcançar grandes realizações *através das outras pessoas*. A liderança em inovação não se trata de alcançar novos níveis de brilhantismo pessoal. Trata-se de transformar *seus funcionários* em inovadores. *Existem* situações em que os líderes podem ser pessoalmente inovadores – veja a seguir o quadro "Onde os Próprios Líderes Podem Ser Inovadores?" – mas, estas situações não são muito comuns.

Onde os Próprios Líderes Podem Ser Inovadores?

Embora este livro se concentre no papel do líder como arquiteto da inovação, naturalmente há situações em que estes líderes se enquadram na categoria de inovadores. A pergunta que você deve se fazer é: *Em quais áreas tenho mais experiência do que meus funcionários?* Em quais áreas você é o maior especialista na sua empresa?

Parte da sua resposta consiste no fato de que os líderes são bem adequados para inovar nos domínios da liderança e da estratégia, ou seja, nas áreas de atuação que advêm naturalmente da condição de líder:

- **Métodos de gestão.** Você consegue descobrir novas maneiras de trabalhar ou liderar o seu pessoal? O livro de Gary Hamel e Bill Breen, *The Future of Management*, fornece insumos para pensar sobre o tema. Igualmente útil é o livro *Giant Steps in Management*, no qual Julian Birkinshaw e Michael Mol fornecem um panorama global de todas as principais inovações no campo da gestão.*

- **Estratégia e modelos de negócio.** Em virtude de sua posição, os líderes tendem a ter uma compreensão mais forte do que a de seus

INOVAÇÃO COMO ROTINA

funcionários quanto ao modelo de negócio e ao cenário estratégico no qual atuam. Existem novas maneiras de criar ou capturar valor que você consiga identificar? Um livro notável sobre esse assunto é *Game--Changing Strategies*, de Constantinos Markides.

Outra parte da resposta será definida pelo seu histórico profissional. Fernando Val, diretor de operações de uma empresa aérea espanhola de baixo custo, a Vueling, passou vinte anos na Força Aérea antes de ingressar na empresa; esta imersão profunda lhe proporcionou uma base excelente para gerar ideias novas e úteis destinadas a otimizar o complicado quebra-cabeças logístico da Vueling.

* Todas as fontes que mencionamos aqui estão no final do livro na seção de Notas.

Através do *seu* passado pessoal e profissional, quais domínios particulares e específicos você compreende melhor do que outros? A quais realidades você foi mais exposto do que o seu pessoal? O que o faz vibrar mais?

Em segundo lugar, nossa abordagem se concentra em fazer a inovação acontecer como parte integrante do fluxo de trabalho diário. Muitos esforços de inovação corporativa ficam aprisionados no que chamamos "Ilha do Brainstorm[1]": como férias anuais de inovação, as pessoas são enviadas para um encontro externo assistido por profissionais e passam dois dias animados debatendo livremente suas ideias. Após esses dois dias excepcionais e revigorantes, porém, elas voltam para um ambiente de trabalho em que nada mudou e, em geral, duas semanas mais tarde praticamente todo mundo volta a fazer as coisas da maneira que sempre fez. A realidade é que você não vai encontrar boas ideias passando dois dias por ano na Ilha do Brainstorm. A busca pela inovação não deveria

---

[1] Método coletivo que visa à geração de um conjunto de novas ideias através da participação em grupo. (N. T.)

ser um evento excepcional de dois dias; muito pelo contrário, ela deve ser *comum*, algo que aconteça também nos *outros* 363 dias do ano. Como líder, você tem de ajudar o seu pessoal a adotar o caminho criativo, não apenas uma vez, mas como um padrão de comportamento repetido.

A terceira ideia (e a principal) que oferecemos se trata de *como* conseguir isso. Em suma, você não deve tentar mudar as pessoas das quais dispõe; em vez disso, você deve mudar o ambiente no qual elas trabalham para que se torne mais fácil e atraente para essas pessoas se transformarem em inovadores. Trata-se de *preparar o terreno* para os inovadores, ajustando o local de trabalho para que os potenciais inovadores achem mais fácil adotar o caminho criativo e se tornem inovadores de verdade. Nesse sentido, empregamos o termo "arquiteto da inovação" para o papel do líder: aquele que projeta, ajusta e arquiteta o espaço social e organizacional, construindo a arquitetura da inovação diária. Esse último ponto é particularmente importante para os líderes e, a seguir, explicaremos a lógica subjacente a ele.

Prepare o Terreno: Criando uma Arquitetura de Inovação

Nos primórdios dos estudos comportamentais, o psicólogo Kurt Lewin cunhou o que foi classificado como a equação mais famosa das ciências sociais:

$$comportamento = personalidade \times ambiente$$

O argumento de Lewin era que em qualquer dado momento nosso comportamento pode ser compreendido como o resultado da interação entre duas coisas: quem somos e a situação na qual nos encontramos.

No entanto, se você examinar grande parte da literatura atual sobre liderança, poderia pensar que a personalidade era o único fator na equação, pois na discussão sobre como conduzir a mudança de comportamento sustentada nas empresas, muitos promotores de mudanças tendem a se concentrar em modificar o *modo de pensar* das pessoas. Em um artigo da *McKinsey Quarterly*, por exemplo, os autores resumem o que é a chave para a mudança de comportamento bem-sucedida (a ênfase é nossa): "O sucesso depende de *convencer* centenas ou milhares de grupos e indivíduos a mudarem a sua maneira de trabalhar, uma transformação que as pessoas só vão aceitar se forem *convencidas a pensar de modo diferente* a respeito de suas tarefas. Na verdade, os CEOs precisam mudar a mentalidade dos seus funcionários – não é uma tarefa fácil".[2]

Chamamos isso de *abordagem da mentalidade* e ela caracteriza grande parte da orientação na área de inovação. Segundo a abordagem da mentalidade, sua tarefa como líder é, sobretudo, de natureza retórica: é convencer, alterar mentalidades, mudar valores e fazer com que as pessoas pensem de maneira diferente. Como consequência, os líderes têm tratado muitos esforços de inovação como desafios de *comunicação*: de convencer, lisonjear, narrar e explicar por que a inovação é necessária.

Além da Miopia da Mentalidade

Entretanto, conforme é enfatizado pela equação de Lewin, mudar a mentalidade de uma pessoa não é a única maneira de mudar o seu comportamento. Se as pessoas em sua empresa sofrerem de uma carência disseminada de comportamento inovador, você tem de se perguntar: trata-se realmente de um problema de mentalidade? Ou será um problema de *sistema*?

Essa questão é pertinente, pois ao considerar as maneiras pelas quais os líderes empresariais tentam fomentar a inovação em seus funcioná-

---

[2] Emily Lawson e Colin Price, "The Psychology of Change Management", *McKinsey Quarterly*, junho de 2003. Justiça seja feita, embora o foco do artigo esteja na mentalidade os autores também reconhecem o poder das estruturas e sistemas.

rios, você observará que muitos deles atribuem crédito à abordagem da mentalidade: eles acreditam que a melhor maneira de modificar o comportamento das pessoas é mudando as próprias pessoas, alterando seus valores, atitudes, mentalidades e convicções pessoais. Os líderes exortam suas equipes a pensarem de maneira não convencional – seja lá o que isto significa – sugerindo implicitamente que a inovação é puramente uma questão de esforço mental. Os gestores contratam palestrantes motivacionais para reforçar o moral e "recarregar as baterias" do seu pessoal, como se fossem brinquedos eletrônicos precisando de baterias recarregadas. Amplos programas de valores são iniciados, programas de treinamento são executados e hordas de funcionários infelizes são enviadas para cursos de gestão da mudança para "perderem o seu medo da mudança". Todas essas abordagens têm em comum a sua incapacidade para alavancar a única fonte de influência realmente poderosa sobre o comportamento das pessoas: o ambiente organizacional no qual elas trabalham.

Para ser claro, a abordagem da mentalidade não é totalmente destituída de mérito. Se bem executada, seus métodos às vezes podem gerar resultados úteis, pelo menos no curto prazo. Mas, o objetivo de um arquiteto da inovação não é apenas gerar uma grande ideia nova, ou duas: é criar inovação *sistêmica* e *sustentável*. Isso só é alcançado alterando mais do que apenas atitudes e mentalidades; a autodisciplina, as palestras motivacionais ou os seminários de treinamento isoladamente não conseguem criar uma mudança sustentável se os sistemas continuarem os mesmos. A única maneira de mudar *sistematicamente* o comportamento é, logicamente, por meio da mudança nos sistemas.

"Mantenha a Mente Aberta" (e Outros Conselhos Inúteis)

Para compreender por que isso é verdade – e por que precisamos de um arquiteto da inovação – considere a ideia de "manter a mente aberta" quando se deparar com novas ideias. Esse pequeno conselho é uma das lições mais compartilhadas pelos cursos de inovação; nem um único gestor já ouviu falar da sua importância. Mas como realmente se *faz* isso?

Manter a mente aberta não é tão difícil quando se comparece a um encontro de dois dias em que o mediador profissional acabou de dizer para evitarmos julgamentos.

Mas e nos outros 363 dias do ano? E quando é o final da tarde de quarta-feira e você está preso em uma reunião infernal, o telefone não para de tocar, o relatório orçamentário *ainda* não está pronto, você está atrasado para o jantar com os sogros e o cara que pegou o último café não reabasteceu a máquina, *de novo*. Nessas situações, os apelos bem-intencionados sobre ter uma mente aberta ou mais capacidade para ouvir não são muito úteis. O problema não é que as pessoas não compreendam a lógica de ouvir. O problema é que no momento em que elas precisam de sua capacidade para ouvir elas ficam presas a uma lógica mais forte e poderosa, ou seja, aquela que reside na arquitetura do seu ambiente de trabalho.

Em vez de contar com a força de vontade e com os conselhos bem-intencionados para enfrentar as pressões sistemáticas do trabalho diário, os gestores devem criar uma *arquitetura* em torno do comportamento desejado: uma coleção de sistemas simples, rotinas, hábitos e processos que possam ajudá-los, e ao seu pessoal, na tarefa de receber, armazenar e filtrar novas ideias, tudo como parte integrante e automática do seu trabalho diário. Em outras palavras, os gestores não devem tentar criar um estado perpétuo de mente aberta no seu pessoal; isto simplesmente não vai acontecer. Em vez disso, eles devem assumir e aceitar que, na maior parte do tempo, as pessoas – incluindo eles próprios – terão a mente fechada para as ideias novas. Então, eles devem conceber uma solução arquitetônica que possa ajudar a vencer as mentes fechadas.

Combater Sistemas com Sistemas

O exemplo das mentes fechadas transmite a filosofia central do arquiteto da inovação; como um arquiteto real, você influencia *indiretamente* o comportamento das pessoas, moldando o seu ambiente. Os arquitetos reais trabalham basicamente o ambiente físico, como iluminação, salas e prédios. Como um arquiteto da inovação, você lida com algo mais abrangente, ou seja, a soma do ambiente físico, social e profissional nos quais as pessoas trabalham. Você lida com o que os autores de *Nudge*, Richard Thaler e Cass Sunstein, chamam de *arquitetura de escolha* do ambiente de trabalho. A arquitetura de escolha, da maneira como utilizamos o termo aqui, são todos os fatores externos e sistêmicos que influenciam o comportamento profissional das pessoas: coisas como os sistemas e as estruturas, os processos e lugares, as estratégias e políticas e até mesmo os hábitos e rotinas comuns a todos.[3]

A abordagem arquitetônica pode exigir que você modifique a sua maneira de pensar sobre sistemas e criatividade. As pessoas criativas, em particular, tradicionalmente têm relações tensas com os sistemas, estruturas, normas e outras restrições percebidas sobre a sua liberdade criativa. Em nenhum lugar isso fica mais claro do que nas grandes empresas onde as pessoas frequentemente se queixam de que "os sistemas" matam a criatividade, pensando com saudade nos dias felizes em que a empresa era jovem e menos burocrática.

Porém, voltar aos dias desestruturados de empresa iniciante não é uma opção. As empresas estabelecidas exigem um tipo diferente de inovação: elas necessitam de uma cultura na qual a criatividade faça parte do ecossistema corporativo. A chave para criar uma cultura corporativa é não declarar guerra aos sistemas, processos e políticas, mas abrangê-los e reformulá-los de modo a suportarem e aperfeiçoarem ativamente o comportamento criativo. Em outras palavras, os gestores precisam *combater os sistemas com sistemas*, criar uma arquitetura de inovação em suas equipes e departamentos. O objetivo principal é ajudar as pessoas a *se comportarem* mais como inovadores. Nas próximas seções mostraremos exatamente o que isso significa, introduzindo o modelo central do livro.

---

[3] No resto deste livro utilizamos consistentemente o termo *arquitetura* como uma forma abreviada de *arquitetura de escolha*. Para evitar confusão com a arquitetura *real*, que é apenas uma das muitas influências sistêmicas sobre o comportamento das pessoas, utilizamos termos alternativos como "*layout* de escritório" para discutir a arquitetura física.

Os 5+1 Comportamentos da Inovação como Rotina

Em seu livro *Influencer*, Kerry Patterson, Joseph Grenny e seus coautores apontam duas coisas importantes sobre a criação da mudança de comportamento. Em primeiro lugar, se você estiver tentando instigar um novo padrão de comportamento, nem todos os sub-comportamentos individuais envolvidos são igualmente importantes: alguns comportamentos são muito mais *vitais* do que outros e devem ser o foco principal dos agentes da mudança. Segundo, os autores apontam que você deve ser muito claro quanto ao que *significam* esses comportamentos vitais para que as pessoas os adotem.

Por exemplo, como mostrou uma pesquisa sobre hábitos alimentares, realizada por Brian Wansink e colaboradores e destinada a fazer com que as pessoas ingiram alimentos mais saudáveis, essa é uma excelente ambição geral, mas também não passa de algo abstrato demais. Para ter alguma esperança de realizar mudanças, você precisa de muito trabalho para definir os comportamentos fundamentais que quer que as pessoas adotem. Um exemplo muito citado é a recomendação comportamental simples "beba leite desnatado", que se revelou altamente eficaz na luta por hábitos alimentares mais saudáveis. Não se pode esperar que as pessoas mudem seu comportamento se não se sabe qual é o novo comportamento desejado.

A mesma lógica se aplica à busca pela inovação como rotina. A visão de "fazer com que as pessoas deem vida a grandes ideias" cobre, na realidade, toda uma série de comportamentos diferentes, mas nem todos eles são igualmente vitais para a tarefa. Neste livro, optamos por nos concentrar no que chamamos *5+1 comportamentos fundamentais da inovação*, ou seja, os padrões vitais de comportamento que você tem de fomentar nos seus funcionários. Os 5+1 comportamentos também formam a estrutura básica deste livro, com um capítulo dedicado a cada comportamento. No resto deste capítulo, introduzimos o modelo e seus elementos em mais detalhes, concluindo com uma descrição do enorme corpo de pesquisa prévia no campo da inovação no qual baseamos nosso modelo. (Os 5+1 comportamentos fundamentais estão descritos no modelo da Figura 1-1).

FIGURA 1-1

Os 5+1 comportamentos fundamentais da inovação a serem promovidos

1. **Foco** nas ideias que interessam ao negócio
2. **Conexão** com o mundo exterior para descobrir ideias originais
3. **Ajustar** e desafiar suas ideias iniciais
4. **Selecionar** as melhores ideias e descartar o resto
5. **Stealthstorm**[4] além da política de inovação
6. **Persistir** na busca pela inovação como rotina

Foco

Tendemos a associar a inovação com a liberdade para fazer o que bem entendermos, mas, no contexto de um trabalho regular, muitas vezes isso não é uma boa ideia. Os funcionários que têm liberdade total para inovar costumam perseguir ideias aleatórias, que não interessam para o negócio e que poderiam acabar dividindo sua atenção entre vários pequenos projetos paralelos sem chegar a lugar algum. Devido às restrições da pressão diária, os inovadores têm êxito quando seus líderes lhes dão um *foco* claro e limitado, e quando esse foco é direcionado para algo que possa criar valor para a empresa. Durante a busca pela inovação em um ambiente de trabalho normal, a regra fundamental é: *o foco é mais importante do que a liberdade*. Os arquitetos da inovação devem *ajudar o seu pessoal a concentrar seus esforços no que interessa*.

---

[4] Stealthstorm será definida mais adiante neste capítulo.

INOVAÇÃO COMO ROTINA

Um líder que aprendeu isso em primeira mão foi Mike Kendall, um executivo sênior com o qual trabalhamos durante vários anos enquanto ele conduzia a inovação dentro da divisão europeia de uma grande empresa – o nome na empresa é confidencial, então vamos chamá-la Nutro-Foods.[5] Kendall chefiou uma pequena equipe de líderes sediada na Suíça e durante suas primeiras incursões sistemáticas para promover a inovação nas diversas filiais europeias a equipe não dirigiu a busca das pessoas pela inovação. Essa experiência ensinou à equipe uma lição fundamental que um dos colegas gestores de Kendall compartilhou conosco:

> Uma lição proveniente dos nossos primeiros esforços na Europa foi que precisamos conectar a busca pelas ideias com os objetivos estratégicos da operação. Em vez de dizer geralmente "traga-nos suas ideias", precisamos fazer uma pré-seleção das questões nas quais queremos que a empresa se concentre. Qual é o problema estratégico importante com o qual nos deparamos? Vamos pedir às pessoas que encontrem soluções para *este problema*.

Os membros da equipe de Kendall absorveram essa lição enquanto continuaram a promover a inovação nas filiais locais. Em particular, Kendall começou a fornecer muito mais orientação sobre o *tipo* de inovação que ele queria ver, direcionando seu pessoal para uma área inexplorada, mas estrategicamente importante:

> Nossa busca por novas ideias se concentrou tipicamente em nossos produtos e no modo como são disponibilizados. Porém, a NutroFoods não está apenas no negócio de remessa de produtos – na realidade, nosso negócio consiste em melhorar a vida das pessoas, o que envolve adotar uma perspectiva muito mais ampla em relação aos clientes e a muitas outras partes interessadas que integram o nosso mundo. Nas filiais, havia pouco foco nesses aspectos do

---

[5] Por motivo de confidencialidade, todos os detalhes de identificação dos exemplos da NutroFoods neste livro foram camuflados.

nosso negócio; na verdade, ainda pensávamos em termos do modelo que caracterizava o nosso negócio nos anos de 1980. Então, pedimos às pessoas para se concentrarem explicitamente em uma perspectiva mais ampla: Você consegue ir além dos produtos? Você consegue pensar criativamente nas outras partes interessadas em nosso universo?

À medida que Kendall e sua equipe promoviam essa nova área de foco, as filiais europeias da NutroFoods começaram a apresentar grandes quantidades de iniciativas novas e impactantes. Na Alemanha, por exemplo, a equipe local trabalhou com terceiros para melhorar os benefícios *sociais* dos seus produtos, adotando uma perspectiva mais ampla sobre a vida de seus clientes e reforçando a condição da NutroFoods como um parceiro confiável dentro do ecossistema empresarial local. O sucesso dessa iniciativa inicial estimulou um esforço similar, primeiro na Holanda e que depois cresceu, incluindo outros 27 países na Europa e fora do continente.

Como consequência dessa e de outras ideias inovadoras, muitas voltadas para a área de foco promovida por Kendall e sua equipe, a divisão europeia da NutroFoods conseguiu ultrapassar suas metas de crescimento com uma margem confortável, demonstrando para o resto da empresa que a busca focada pela inovação diária podia criar resultados reais. Muitos membros da equipe de Kendall galgaram altas posições de liderança no mundo inteiro à medida que a liderança sênior da NutroFoods percebia os resultados. Quanto ao próprio Kendall, ele foi promovido para chefiar as atividades comerciais mundiais da NutroFoods; enquanto escrevemos este livro, ele está trabalhando para disseminar o "vírus" da inovação no resto da empresa, utilizando o poder do foco para gerar resultados.

No Capítulo 2, vamos explicar por que a inovação precisa de foco, por que ela tende a superar a liberdade de ação e como você, na qualidade de líder, pode trabalhar para dirigir a busca do seu pessoal pela inovação.

Conectar

Um segundo comportamento vital é se *conectar* com mundos novos. Como regra geral, as pessoas não vão ter boas ideias enquanto permanecerem isoladas em seus escritórios ou enquanto suas únicas fontes de novas informações forem os mesmos noticiários e revistas especializadas, que todas as pessoas no seu setor de atuação acompanham. A regra fundamental é que *a ideia vem de fora*. A maioria das ideias, na verdade, não surge do zero, mas, em vez disso, são exemplos do que o professor Andrew Hargadon da Universidade da Califórnia chama *inovação recombinante* – ou seja, ideias que são reunidas combinando, de novas maneiras, os fragmentos de conhecimento existentes. Em outras palavras, a inovação é um pouco parecida com um quebra-cabeça cujas peças estão distribuídas pelo mundo. Para expor as pessoas a esses elementos básicos da inovação, os líderes devem *ajudar o seu pessoal a se conectar com os insumos externos*. Seus clientes atuais são uma rica fonte de conhecimento, mas não são a única; as pessoas também podem encontrar novas ideias se conectando com colegas de outros departamentos ou até mesmo com domínios que não estejam relacionados ao seu negócio.

O poder de conectar as pessoas hoje é amplamente considerado crítico para a inovação. Pessoalmente, encontramos o nosso primeiro memorável, e até mesmo curioso, exemplo disso muitos anos atrás em uma importante emissora de televisão que acabara de fomentar uma campanha antitabagista em seus escritórios.[6] As várias divisões da emissora mantinham normalmente pouco contato, mas, devido à proibição do fumo, os fumantes de todos os tipos e dos diferentes departamentos repentinamente se reuniam todos os dias, trocando ideias enquanto estavam do lado de fora baforando seus cigarros. Com a nova política, a empresa criou inadvertidamente um *espaço criativo* e, segundo as pessoas com as

---

6 Soubemos dessa estória através das entrevistas que realizamos com os funcionários da emissora, muitos anos atrás, como parte de uma tarefa de consultoria. Optamos por classificá-la como um caso curioso, já que não queremos ir fundo nos antecedentes da mesma, mas conferimos a nossa narrativa atual da estória com dois ex-funcionários.

quais conversamos, isso levou os funcionários da emissora a terem várias ideias boas. Uma interação aleatória desse tipo levou ao desenvolvimento de uma nova tecnologia que permitiu aos telespectadores enviarem fotos de seus telefones celulares diretamente para a tela de modo a aparecerem durante as transmissões ao vivo, uma tecnologia que acabaria se tornando uma nova fonte de receitas para as emissoras de TV.

Devido ao movimento de inovação aberta que domina atualmente o setor de inovação, o que a emissora fez acidentalmente agora se tornou uma prática deliberada e disseminada. Incontáveis estórias estão repletas de boas ideias que surgiram porque as empresas ajudaram os funcionários a se conectarem com mundos novos. Recentemente, alguns dos exemplos mais destacados incluem indiscutivelmente a adoção da inovação aberta pela Procter & Gamble, descrita no livro *The Game-Changer*, de A. G. Lafley e Ram Charan; as práticas de inovação favoritas da IDEO, amplamente imitadas, de ter seu pessoal imerso em novos campos; e, é claro, o hábito imensamente bem-sucedido da Apple de conectar e combinar várias ideias e tecnologias externas para criar produtos revolucionários, desde o Macintosh original até o último lote de dispositivos da linha *i* (iPhone, iPad, iPod etc). A próxima adição ao cânone da criatividade provavelmente é a história emblemática compartilhada na biografia de Steve Jobs, produzida por Walter Isaacson: quando Jobs concebeu os estúdios da Pixar, ele ficou célebre por colocar os restaurantes no centro do prédio, criando uma função natural que fez com que as pessoas interagissem com os colegas de outros departamentos. Os arquitetos da inovação devem descobrir maneiras como essa de ajudar os funcionários a se conectarem com mundos novos. No Capítulo 3, explicamos como você pode fazer isso.

Ajuste

As ideias não nascem perfeitas. Muito pelo contrário, *as primeiras ideias são imperfeitas*, e, geralmente, quanto melhor a inovação definitiva mais ela terá sido modificada entre a primeira ideia e a execução final. A maneira de fazer isso é por meio da *tentativa de ajuste*, por exemplo, uma mistura rápida de teste e análise.[7] Testar as ideias rápida e repetidamente antes de ficarem prontas – o que se chama frequentemente prototipagem rápida – é uma estratégia essencial para o sucesso dos inovadores e através do trabalho de pessoas como Steve Blank e os irmãos Kelley da IDEO isso passou a ser uma prática padrão na comunidade profissional de inovação. Porém, a maioria das pessoas que trabalha nas empresas vai se sentir muito desconfortável com a ideia da prototipagem. Por razões tanto pessoais quanto profissionais, frequentemente elas acabam se sentando em um canto escuro durante séculos, polindo sua ideia até a perfeição antes de expô-la ao mundo. Os arquitetos da inovação têm de *ajudar as pessoas a testarem e desafiarem suas ideias constantemente,* expondo-as à opinião frequente e promovendo uma cultura de aprendizagem rápida e experimentação.

Presenciamos o funcionamento da tentativa de ajuste enquanto acompanhávamos um gerente regional, Heinrich Toledo.[8] Toledo trabalhava para um grande e diversificado conglomerado e, alguns anos atrás, ele estava comandando seu negócio de adesivos na Europa Central e no Leste Europeu. Como Toledo trabalhava com muitos gerentes nacionais na região, ele impôs uma política de experimentação rápida e constante.

Por exemplo, os gerentes nacionais sabiam que para os novos experimentos Toledo aprovaria quase tudo até certo ponto, sem necessidade de documentação. Um gestor descreveu o processo de aprovação: "Eu chamo o Heinrich [Toledo] e digo que estamos crescendo, exponho os números e digo que deveríamos experimentar essa nova ideia. Vamos precisar de uma determinada quantidade de dinheiro para isso e iremos

---

[7] Nossa escolha do termo *tentativa de ajuste* (ou, em inglês, *tweaking*) é inspirada parcialmente por Malcolm Gladwell, que utiliza o termo em um artigo do *New Yorker* datado de 2011. A ideia da tentativa de ajuste também está relacionada com o conceito de *pivotamento*, uma palavra utilizada no Vale do Silício para designar quando as *start-ups* mudam sua direção de modo perspicaz (ou não tão perspicaz), com base na aprendizagem decorrente de suas primeiras incursões no mercado.

[8] Não é o seu nome verdadeiro. O caso faz parte de uma série de compromissos de Miller em 2004 enquanto trabalhava na Europa.

reembolsar em seis meses. Ele diz, "Vá em frente e me passe os detalhes mais tarde".

A disposição de Toledo para deixar os gerentes nacionais experimentarem ideias novas criou um forte senso de lealdade entre eles. Como foi colocado por um deles, "Tenho liberdade para agir. É o meu negócio, o meu país. Quando as pessoas da matriz tentam nos microgerenciar nos sentimos como imbecis. Eles acham que trabalhamos contra a empresa? Toledo não faz isso".

No entanto, embora Toledo permitisse que seus gestores fizessem experimentos, ele também equilibrava essa liberdade com um amplo esforço de comunicação, tanto com ele quanto entre os diversos gestores. Se um gerente nacional tentasse experimentar algo novo, Toledo logo chamaria os outros gerentes nacionais e lhes falaria a respeito. Ele também mantinha sessões de avaliação regulares entre os gestores, fazendo explicitamente com que eles contestassem as ideias um dos outros, com a maior energia possível. A cada três meses, por exemplo, todos os gerentes regionais passavam três dias inteiros em um encontro externo altamente interativo, ajudando uns aos outros a solucionar problemas, compartilhando práticas recomendadas e explorando novas possibilidades. Por meio desse processo, Toledo não só fomentou a fertilização de ideias entre os gestores, mas também assegurou que estes gestores não levassem a cabo experimentos *tão* desaconselhados, equilibrando eficazmente a sua liberdade com um determinado nível de verificação de sanidade. E funcionou. Por meio desse sistema de incentivo à experimentação constante e avaliações frequentes, Toledo obteve taxas de crescimento anual consistentes de 15% a 20%, levando a sua região de 10% para 22,7% das vendas globais de adesivos em um período de tempo de dois anos. De modo similar, ao promover uma mistura de experimentação responsável e sessões de avaliação frequentes, os arquitetos da inovação devem ajudar as pessoas a tentarem ajustar suas ideias e trabalharem para que se tornem rapidamente uma realidade.

Selecionar

Para as pessoas que têm ideias, todas elas são divinas em sua perfeição. No entanto, a realidade imparcial e um tanto desagradável é que *a maioria das ideias é ruim* e isso obriga as empresas a dominarem a disciplina de filtrar as ideias, escolhendo as que merecem investimento e as que devem ser descartadas.

Esse ato de selecionar as ideias tem suas próprias armadilhas. A pesquisa em um conjunto de disciplinas diversas nos ensinou que, quando deixadas à própria sorte, as pessoas sofrem de uma mistura saudável de propensões cognitivas e estruturais quando avaliam ideias novas, tornando-os propensas a decisões ruins. Por essa razão, é necessário otimizar o ambiente decisório de filtragem, criando sistemas de suporte arquitetônico fortes que possam ajudar os *gatekeepers*[9] da sua empresa a tomarem decisões mais acertadas.

Mark Turrel, CEO da Orcasci e especialista em filtragem de ideias, compartilhou um exemplo instigante do seu trabalho dentro da unidade de negócios de uma grande fabricante de autopeças americana. Para descobrir novas maneiras de cortar custos, o chefe da unidade de negócios com o qual Turred trabalhou promoveu um concurso interno de ideias e, como experimentação, ele resolveu dividir as ideias resultantes em dois lotes similares e depois atribuir a tarefa de avaliar os lotes não a um, mas a dois grupos diferentes de *gatekeepers*.

O experimento ilustrou substancialmente como os *gatekeepers* podem ser diferentes quando deixados por conta própria. Um grupo conseguiu concluir seu trabalho de filtragem e recomendar o modo de execução das principais ideias em dez horas de trabalho, realizando essa tarefa em duas reuniões. O segundo grupo levou mais de cem horas de trabalho para avaliar as ideias e ainda não havia completado o processo de filtragem. O interessante é que, quando o chefe da unidade de negócios finalmente

---

[9] **Gatekeeping** é um conceito jornalístico para edição. **Gatekeeper** é aquele que define o que será noticiado de acordo com o valor da notícia, linha editorial e outros critérios. Em negócios, o **gatekeeper** é aquele que filtra informações na empresa. Alguns autores empregam o termo **guardião**, mas vamos mantê-lo sem tradução.

examinou os resultados dos dois processos de seleção, ele descobriu que a qualidade de ambas as recomendações pareciam muito similares. Intrigado com a diferença, ele pediu a um de seus funcionários para estudar os dois grupos e descobrir o que havia acontecido. Como se verificou, a diferença principal foi a liderança dos dois grupos. O grupo que consumiu dez horas de trabalho era liderado por um gestor extremamente voltado para metas e treinado em gerenciamento de projetos. Sob essa liderança, o grupo primeiro acelerou a filtragem da lista, descartando rapidamente as ideias, exceto as vinte principais. Depois, discutiram as ideias principais em profundidade, criando uma lista curta com vinte ideias. No fim das contas, impuseram uma classificação que gerou uma lista final com apenas dez recomendações. O líder do outro grupo, em comparação, queria chegar a um consenso e acreditava pessoalmente que todas as ideias mereciam o mesmo nível de análise, mesmo que fosse apenas para demonstrar respeito pelos esforços dos que as enviaram. Assim, ele pediu ao seu grupo para estudar cada uma das ideias, incluindo entrevistas de acompanhamento, pesquisa interna e reuniões de grupo frequentes para compartilhar percepções da análise.

A partir desse experimento, o chefe da unidade de negócios percebeu que era necessário abordar de maneira mais sistemática o processo de *gatekeeping* de ideias, tornando-o uma competência específica em seu negócio. No entanto, ele achou que usar apenas a abordagem mais eficiente provavelmente evitaria a percepção das oportunidades de longo prazo. No fim, ele acabou criando dois processos de *gatekeeping* diferentes: um processo primário, rápido e visando progressos rápidos, e um segundo mais meticuloso, voltado para explorar as ideias menos óbvias que podem ter um potencial oculto. A empresa também começou a usar um teste de personalidade simples, de modo que as duas juntas de revisão seriam ocupadas por indivíduos que se adequassem às respectivas finalidades. Também foi implantado um curto programa de treinamento para *gatekeepers*. Como consequência, a unidade de negócios reduziu drasticamente o tempo para transformar boas ideias em resultados, protegendo ao mesmo tempo as ideias de longo prazo mais vulneráveis contra os *gatekeepers* excessivamente eficientes.

A necessidade de considerar o processo de filtragem de ideias não é relevante apenas para a alta gestão. No Capítulo 5, sobre *selecionar*, compartilhamos uma série de dicas que os gestores de todos os níveis podem usar para aperfeiçoar suas práticas de *gatekeeping*. Os arquitetos da inovação têm de *projetar o ambiente decisório das pessoas que avaliam ideias*.

Stealthstorm

Quando se trabalha em uma empresa, não há como evitar a realidade da política corporativa; gostando ou não, *quem dita as regras é o stealthstorming*.[10] Uma parte considerável do tempo de um inovador é consumida com as várias partes interessadas, empregando um misto de charme e habilidade organizacional para fazer com que as ideias aconteçam. Mas, por várias razões, muitos inovadores não gostam de fazer política, se não a ignorarem completamente, supondo que uma boa ideia vai se vender. Esse pressuposto é perigoso; muitos projetos excelentes foram exterminados pelas forças organizacionais. Os arquitetos da inovação devem *ajudar a criar o espaço político para a inovação*, preparando o terreno para que as pessoas tenham êxito.

Ao fazê-lo, é fundamental compreender que a política, assim como o poder, não se trata apenas de uma força negativa. Quando utilizada de maneira correta, ela pode impulsionar as coisas e conseguir que as ideias transponham os obstáculos. Vimos essa dinâmica poderosa em ação no lançamento da pfizerWorks, uma bem-sucedida iniciativa de inovação que Jordan Cohen, um gestor de RH da sede mundial da Pfizer, em Nova York, criou a partir do zero.

---

[10] Definimos *stealthstorming* da seguinte forma; stealthstorm (verbo): *perseguir a inovação de uma maneira compatível com a realidade cultural e política existente na organização.* Assim, stealthstorming implica em uma forte conscientização política da cultura organizacional (que é considerada um fato, pelo menos no curto prazo) e contrasta com as abordagens de inovação mais revolucionárias, gritantes ou excessivamente contraculturais. Alguns autores traduzem o termo para *inovação às escondidas,* significando que uma boa ideia deve ser desenvolvida antes de ser passada à alta gestão para evitar que seja combatida de antemão. Aqui, vamos manter o termo sem tradução. Discutimos o conceito e seu significado em mais detalhes no Capítulo 6.

A ideia básica por trás da pfizerWorks era simples: ela visava erradicar o trabalho "burocrático". Cohen observou que muitos dos funcionários bem pagos e altamente instruídos na verdade passavam grande parte do seu tempo realizando tarefas que desperdiçavam seu tempo, como aprovar planilhas, ajustar apresentações de PowerPoint, reunir dados ou fazer buscar de nível básico na Internet. Ao conectá-los com equipes pré-aprovadas de assistentes virtuais trabalhando dentro e fora dos Estados Unidos, a pfizerWorks foi eficaz em habilitar os funcionários da Pfizer a terceirizarem as partes enfadonhas das suas tarefas, permitindo-lhes se concentrar no trabalho de mais alto impacto e tornando-os muito mais produtivos, tanto pessoalmente quanto para a Pfizer.

Os testes iniciais do serviço foram promissores e muitos dos primeiros usuários para os quais Cohen pediu que testassem o serviço passaram a ser usuários regulares. No entanto, Cohen havia construído o primeiro protótipo debaixo dos panos e a ideia não amealhou qualquer tipo de apoio oficial, muito menos um local ou um orçamento adequado – coisas que estavam se tornando cada vez mais necessárias à medida que o escopo do projeto crescia. Para ultrapassar o estágio experimental e gerar o impacto adequado na empresa de oitenta mil funcionários, Cohen enfrentou a tarefa de garantir apoio para o projeto.

É nesse ponto que David Kreutter, um gerente comercial sênior e um dos mentores informais de Cohen, entra na história. Durante algum tempo Kreutter acompanhou o projeto com interesse e quando Cohen precisou demonstrar o valor da iniciativa pfizerWorks, Kreutter utilizou sua influência para encontrar uma solução criativa:

> Tínhamos algumas empresas sobre as quais queríamos fazer um resumo geral do perfil de negócios visando a sua candidatura a potenciais parceiras. A ideia era usar a pfizerWorks para fazer isso no lugar dos bancos de investimento, como era habitual – mas, essa recomendação não foi endossada pelos líderes de projeto na Pfizer, que preferiram deixam a tarefa para os bancos de investimento, apesar do seu custo muito mais elevado. Porém, como a pfizerWorks tinha um custo muito mais baixo, resolvi tentar de qualquer

maneira, autorizando a execução de duas pesquisas em paralelo. Como consequência, poderíamos comparar o resultado da pfizerWorks com os resultados de alguns bancos de investimentos selecionados – e com isso obtivemos a nossa primeira evidência de que a pfizerWorks podia gerar a mesma qualidade dos afamados bancos de investimento, por uma fração do custo.

Esse foi um dos muitos casos em que Kreutter ajudou Cohen a lidar com as barreiras organizacionais, gradualmente preparando o terreno para a pfizerWorks sobreviver e ter êxito. Kreuter também forneceu conselhos essenciais ao longo do caminho, orientando Cohen sobre como posicionar a iniciativa internamente, ajudando-o a garantir uma reunião com o vice-presidente da Pfizer e encontrando um lugar para a iniciativa na organização. Como consequência, à medida que o projeto ganhou mais e mais usuários, esta acabou sendo reconhecida como uma estória de sucesso e Cohen foi parar na *Business Week*, na *Fast Company* e em várias outras publicações de negócios.

Há pouca dúvida de que o crédito principal pela pfizerWorks pertence a Cohen; sem sua capacidade pessoal para definir uma visão, criar uma equipe comprometida e liderar o projeto durante a fase de implementação, a ideia não teria se tornado realidade. Contudo, Cohen é o primeiro a ressaltar que sem o apoio e o respaldo que Kreutter proporcionou, a pfizerWorks provavelmente teria levado muito mais tempo para ser criada. De forma semelhante, os arquitetos da inovação devem ajudar o seu pessoal a navegar pela política de inovação, auxiliando-os a adotar o quinto comportamento fundamental, o *stealthstorming*.

Persistir

Qualquer líder, através de sua presença física, pode fazer com que as pessoas adotem os cinco comportamentos fundamentais, uma ou duas vezes. Mas, o desafio final é fazer com que as pessoas *persistam* nesses comportamentos, tornando-os uma parte intrínseca do que as pessoas fazem, mesmo nos dias em que você não estiver lá para orientá-las e direcionar seus esforços. Em última análise, os sistemas e estruturas não são suficientes por si só: uma parte final do quebra-cabeça da inovação é aproveitar o poder da *motivação pessoal*, combinando os interesses individuais e os sistemas de recompensa de uma maneira que torne as pessoas mais propensas a seguirem em frente diante da adversidade. A regra fundamental é: *a criatividade é uma escolha*. Os arquitetos da inovação devem encontrar maneiras para ajudar seu pessoal a *continuar exibindo* os cinco comportamentos fundamentais, ajustando a busca pela inovação para que seja mais propensa a fomentar a perseverança.

Talvez o exemplo mais poderoso tenha ocorrido na NutroFoods Bélgica, uma filial de vendas e marketing com sessenta funcionários que fez parte da iniciativa de inovação europeia que descrevemos anteriormente. Quanto Kendall começou a promover a inovação na Europa, a NutroFoods Bélgica havia contratado recentemente um novo gerente nacional, o quarentão Marc Granger.

Desde o início, Granger claramente estava ocupado. A filial belga vinha se saindo bem, mas quando ele assumiu o pequeno negócio estava travando batalhas em várias frentes. O crescimento havia caído. A satisfação dos funcionários estava no ponto mais baixo, com pesquisas internas relatando que apenas 39% do seu pessoal gostavam de trabalhar na NutroFoods. A rotatividade de funcionários, de 30%, era o dobro da média do setor na Bélgica, e as licenças médicas eram muitas, criando uma forte tensão na pequena unidade. Ao diagnosticar a ausência de inovação, Granger afirmou:

> Ficou claro para mim, desde o início, que não faltava capacidade criativa para os nossos funcionários; muitos deles já haviam demonstrado que eram capazes de gerar grandes resultados. Em vez disso, senti que as barreiras para a inovação giravam em torno da motivação. Era uma empresa "baseada apenas no gestor", onde as pessoas achavam que precisavam obter a aprovação do gestor antes de fazer qualquer coisa que não fosse ordenada diretamente e havia uma clara propensão para tentar "fazer tudo" em vez de priorizar e dizer não para algumas coisas. As pessoas não tinham nenhum

senso forte de propriedade sobre o seu trabalho; as coisas fluíam de cima para baixo o tempo todo, impedindo que as pessoas trouxessem novas ideias. É isso que eu queria mudar.

A maneira de Granger fazer isso era notável: utilizando uma futura mudança de escritório como ponto de virada, ele decidiu mudar a cultura inteira da empresa, concedendo às pessoas muito mais liberdade para decidir no que gostariam de trabalhar. Os funcionários, e não a gestão, decidiram o *layout* do novo escritório. Muitas pessoas queriam abolir o regime rígido do expediente de 9 às 17 horas, então Granger resolveu permitir que as pessoas definissem seus próprios horários de trabalho, contanto que produzissem resultados. Ainda mais importante, quando Granger pediu que ajudassem a tornar a inovação uma realidade, ele deixou claro que os projetos não seriam escolhidos pela equipe de gestão. Embora todos tivessem que *escolher algo* em que trabalhar, cada funcionário era totalmente livre para trabalhar em qualquer projeto que julgasse mais importante. A única exigência de Granger foi que o projeto escolhido apoiasse o objetivo global de tornar a NutroFoods Bélgica um lugar melhor e mais inovador para se trabalhar. Com isso, Granger conseguiu aproveitar uma das mais potentes fontes de persistência: os interesses pessoais e as prioridades pessoais. Os resultados foram notáveis. Através de um rio de pequenos aperfeiçoamentos e pequenas ideias, embora impactantes, a NutroFood alcançou uma reviravolta duradoura:

- A rotatividade do pessoal caiu pela metade em um ano. Em 2011, ela tinha caído para 9%.
- A satisfação dos funcionários dobrou em um ano após a mudança, indo de 39% para 74%.
- O crescimento recuperou-se com uma vingança; um ano após a mudança, a NutroFoods Bélgica se tornou uma das filiais mais lucrativas na Europa. Em 2011, as receitas haviam crescido quase 70% em comparação com o período em que Granger começou.
- Várias outras filiais no Norte da Europa se inspiraram e adotaram uma abordagem similar, com resultados igualmente fortes.

- O próprio Granger foi promovido; hoje ele lidera cinco mil pessoas na Ásia, onde continua a promover o crescimento através do seu trabalho como arquiteto da inovação.

De forma importante, a NutroFoods Bélgica também recebeu outra validação externa do seu trabalho. No início da jornada de inovação, Granger inscreveu a empresa em uma pesquisa sobre "O Melhor Lugar para Trabalhar", realizada por uma revista de negócios belga. No dia da mudança para o novo prédio, ouvimos os membros da equipe de gestão se comprometerem publicamente com os funcionários que dentro de quatro anos a NutroFoods Bélgica ficaria em primeiro lugar na pesquisa e se tornaria o melhor lugar para trabalhar em toda a Bélgica.

Após um atraso de um ano, foi exatamente o que a NutroFoods Bélgica fez. Após cinco anos de constante subida na classificação, os jornais belgas anunciaram que a NutroFoods Bélgica havia se tornado a número um na pesquisa, chegando ao ápice – mas, não ao final – de uma espetacular jornada de inovação.[11] Considerando tudo, não é mal para um pequeno grupo de gestores sem nenhum orçamento para inovação.

No capítulo final do livro, que trata da persistência, compartilhamos algumas dicas sobre como você pode produzir o mesmo nível de comprometimento e perseverança nos seus funcionários, fazendo com que adotem o caminho criativo no seu trabalho diário.

Por Que Esses Comportamentos?

Incontáveis artigos acadêmicos foram publicados sobre os temas da criatividade e inovação, e muitos ofereceram modelos de comportamento

---

[11] A pesquisa The Great Place to Work é realizada por um instituto independente. No ano em que a NutroFoods alcançou o primeiro lugar, o prêmio foi concedido em quatro categorias: empresas de pequeno, médio e grande porte, com uma categoria separada para as organizações governamentais. A NutroFoods conquistou a primeira posição na categoria pertinente às empresas com 50 a 500 funcionários.

inovador. O arcabouço 5+1 que apresentamos aqui surgiu de uma mistura de modelos existentes e da pesquisa pregressa, filtrados pelas lentes da nossa ampla experiência pessoal no trabalho com gestores. Desse modo, o arcabouço nasceu puramente de interesses práticos; ele não deve ser considerado um modelo teórico abrangente, mas se destina a ser um guia tático e prático para os aspectos mais essenciais da inovação. Como demonstramos nos próximos capítulos, nossa seleção dos 5+1 comportamentos é apoiada por uma mistura de estudos de caso e dados qualitativos e quantitativos, mas no fim das contas nosso critério de decisão principal para a inclusão de um comportamento foi o mais simples: segundo a nossa experiência, *onde a maioria dos pretensos inovadores erra?*

Além disso, a simplicidade relativa do modelo é um problema em si. A inovação é um fenômeno complexo e, se tiver meio minuto, qualquer estudante de criatividade será capaz de acrescentar vários outros comportamentos ao arcabouço. No entanto, a experiência nos ensinou que fazer isso é contraproducente. Quando você trabalha com pessoas que também têm que conciliar muitas responsabilidades com a inovação, os modelos que você utiliza têm de passar pelo teste da simplicidade: um modelo só é útil até o ponto em que as pessoas se lembram dele sem ajuda. Como nos disse um gestor sênior após o seu pessoal se submeter a um curso de imersão em métodos criativos ministrado por uma consultoria em inovação bem conhecida: "Acho que os métodos são bons, mas também acho que o conjunto de vinte ferramentas que aprendemos é opressivo; afinal de contas, não precisamos nos transformar em ninjas da inovação. Em vez disso, vamos escolher três ou quatro dentre as ferramentas mais úteis, reformular o problema, e nos concentrar em fazer essas coisas certas".

Com esse espírito, optamos por nos concentrar em 5+1 comportamentos. Particularmente, a necessidade de focar também se aplica aos líderes: à medida que você começa a melhorar a capacidade do seu pessoal para transformar grandes ideias em realidade, você não deve necessariamente tentar fazer com que o seu pessoal atinja um nível de excelência em cada comportamento. A menos que você trabalhe em um nível absoluto de falta de inovação, é provável que eles já estejam fazendo *algumas* coisas certas; apenas parte do sistema está bloqueando o progresso. Recomendamos veementemente que você comece empregando o arcabouço 5+1 como uma ferramenta de diagnóstico, faça uma varredura em seu negócio e identifique os maiores gargalos de comportamento da inovação e depois se concentre em corrigi-los.

Pense no processo de inovação como um a mangueira de jardim retorcida; depois que você encontrar e endireitar o ponto em que a mangueira está retorcida, a água pode começar a fluir livremente. (Ver também o quadro "O Ecossistema da Inovação: Além dos Modelos Passo a Passo")

O Ecossistema da Inovação: Além dos Modelos Passo a Passo

Como e quando ocorrem os cinco comportamentos fundamentais? Na história da pesquisa sobre criatividade, os primeiros modelos do processo tendiam a retratar a inovação como algo que podia ser dividido em fases ou estágios distintos, passo a passo; o modelo de Graham Wallas de 1926, por exemplo, partia da "preparação", passando pela "incubação" e chegando ao "esclarecimento" e à "verificação."* No entanto, ficou claro que essa perspectiva sequencial "Primeiro faça A, depois passe para B" *não é* um modelo muito bom para o que realmente acontece durante um processo de inovação. Pelo contrário, os comportamentos ocorrem repetidamente durante todo o processo, à medida que os inovadores giram continuamente para frente e para trás as diferentes "lentes" do foco, conexão, ajuste, escolha e *stealthstorming*. Portanto, como um arquiteto da inovação o desafio é criar um *ecossistema* no trabalho em que os comportamentos possam ocorrer de forma permanente e repetida, um apoiando o outro.

* O modelo de Wallas ainda é utilizado em algumas partes da comunidade de inovação; conhecemos várias agências de publicidade que o endossam, pelo menos em teoria. O modelo é descrito em "The Art of Thought", de Graham Wallas (San Diego, CA: Harcourt Brace and Company, 1926).

Nos Ombros de Vários Gigantes

Embora sejamos acadêmicos de coração, você não vai encontrar os nossos nomes nas revistas de pesquisa científica prestigiosas. Nós dois obtemos a nossa energia ficando perto da ação e conjuntamente passamos mais de quatro décadas trabalhando em empresas, atuando como treinadores, *caddies*,[12] alunos, professores e, às vezes, terapeutas de longo prazo para os gestores com os quais trabalhamos. Gostamos de dizer que vivemos no primeiro andar da torre de marfim: suficientemente perto do chão para ver os pequenos detalhes da gestão diária, mas ainda alto o bastante para adquirir um pouco da perspectiva do todo. Contudo, jamais poderíamos ter escrito este livro, muito menos poderíamos ser de alguma serventia para os gestores, não fosse a tremenda quantidade de trabalho que inúmeras outras pessoas investiram na compreensão do processo de inovação.

O conselho que compartilhamos neste livro repousa nos ombros dos gigantes do passado e do presente, provenientes de diversas áreas. Primeiro, nosso livro se baseia no conhecimento derivado das áreas de inovação e pesquisa em criatividade. Desde os anos 1950, mais de quinze mil artigos acadêmicos foram publicados apenas sobre o tópico da criatividade e devemos o nosso atual corpo de conhecimento ao incontável número de acadêmicos e estudiosos, do passado e do presente, que dedicaram suas carreiras à investigação meticulosa das lacunas da inovação. Em geral, além das fontes que mencionamos em cada capítulo, o conselho que damos se deve particularmente às ideias de Clayton Christensen; Teresa Amabile; Michael Tushman; Vijay Govindarajan e Chris Kimble; Gary Hamel; Mihaly Csikszentmihalyi e Jacob Getzels; Andrew Hargadon; Robert G. Cooper; Michael Mumford; Robert I. Sutton; Robert Sternberg; e R. Keith Sawyer e Dean Keith Simonton; assim como ao trabalho prático e recente de empresas como a IDEO, Innosight, Prehype e Vivaldi Partners.

---

[12] Aquele que carrega os tacos (no jogo de golfe).

Além do campo da inovação, dois outros domínios se destacaram na formação do nosso pensamento. O campo intimamente relacionado dos estudos de empreendedorismo rendeu uma visão crítica sobre as realidades da formação de novos empreendimentos; Steve Blank é uma figura central, assim como Saras Sarasvathy e sua pesquisa sobre execução. Segundo, o florescente campo dos estudos comportamentais, em constante evolução, foi crítico para a elaboração deste livro. Dentro desse campo, temos uma dívida de gratidão com uma excelente gama de acadêmicos, profissionais e portadores de conhecimento de nível internacional: o mapeamento das tendências decisórias de Daniel Kahneman e Amos Tversky; o trabalho de Chip Heath e Dan Heath sobre mudança de comportamento; os estudos de Brian Wansink sobre hábitos alimentares; os estudos de Paco Underhill sobre comportamento de compras; o conceito de mente extendida de Andy Clark e David Chalmer; o trabalho de Philip Zimbardo sobre o poder dos sistemas; e muitos outros. Devemos um reconhecimento especial a Richard Thaler e Cass Sunstein, cujas ideias apresentadas com clareza sobre persuasão e arquitetura da escolha ajudaram a moldar e aguçar nossas próprias ideias mais incipientes sobre arquitetura da inovação. No final deste livro, incluímos um apêndice de leituras suplementares com uma lista de autores e líderes de opinião que proporcionaram a base e grande parte da munição para este livro.

A esse trabalho imenso, adicionamos a nossa perspectiva pessoal sobre inovação, tentando despertar o que acreditamos que sejam as lições mais essenciais e imperdíveis, relevantes para os gestores que trabalham em empresas normais. Nosso trabalho como acadêmicos, professores, consultores e empreendedores ocasionais deu forma a essa perspectiva.

Por meio do nosso trabalho com a IESE Business School em particular, nos reunimos com altos executivos enquanto falavam sobre a criação do novo crescimento; com gestores de nível médio enquanto lutavam para transforma a busca pela inovação em iniciativas específicas; e com os funcionários de nível mais baixo enquanto reagiam às iniciativas de inovação, às vezes de maneira bem diferente da esperada por seus líderes. Em alguns casos, acompanhamos iniciativas de inovação durante vários anos e vimos o que aconteceu *após* a fase de lua de mel, quando os gestores que instigaram as iniciativas passaram para pastos mais verdes. Acompanhamos empresas nos Estados Unidos, Europa, América Latina, Ásia e África; estudamos empresas em uma ampla gama de setores, cobrindo as linhas aéreas, bancos, empresas iniciantes da Internet, radiodifusão, indústria farmacêutica, moda, bens de luxo, petroquímica, telecomunicações, produtos de consumo, produtos eletrônicos, varejistas, aparelhos médicos, equipamentos esportivos, montadoras de automóveis e grandes conglomerados. Também temos alguma experiência prática com inovação. Wedell-Wedellsborg está envolvido no cenário de empreendedorismo em Nova York e pessoalmente fundou duas *start-ups* no espaço digital (ambas ainda existem). Agora vamos nos aprofundar na soma de tudo isso, começando pelo primeiro comportamento fundamental: o de fazer o seu pessoal *focar* em sua busca pela inovação.

CAPÍTULO 2

FOCO

COMO FAZER AS PESSOAS SE CONCENTRAREM NAS IDEIAS QUE INTERESSAM

O FOCO É MAIS IMPORTANTE DO QUE A LIBERDADE
Os líderes devem limitar e direcionar a busca pela inovação

A maioria das pessoas associa a inovação com a ideia de *liberdade*: proporcionar aos seus funcionários o espaço e a oportunidade para buscar novas ideias, livre de todas as restrições. Mas, na verdade, se precisar fazer a inovação acontecer como parte integrante do ambiente de trabalho diário, quase sempre você vai gerar resultados melhores se *direcionar e limitar* de modo produtivo a busca do seu pessoal pela inovação, certificando-se de que eles concentrem seus esforços criativos em algo que interesse à empresa. Fornecendo essa orientação, os arquitetos da inovação criam o primeiro comportamento fundamental: o *foco*.

Como o Foco Salvou o Negócio de Tiamina da Lonza

Considere a história que conta como Felix Previdoli, um líder que conhecemos na empresa suíça Lonza, descobriu o poder do foco. A Lonza, uma grande fornecedora para o setor de ciências da vida, possui 28 instalações na Europa, Estados Unidos e Ásia. Em 2011, seus 8.300 funcionários alcançaram vendas de quase US$3 bilhões. Os líderes da Lonza há muito tempo reconheceram o potencial criativo de seus funcionários, e por toda a empresa os gestores utilizavam várias maneiras de coletar as ideias destes funcionários, variando das caixas de sugestões e formulários on-line às sessões ocasionais de *workshop*. Assim como muitas outras empresas que seguiam a filosofia de que "não existe ideia ruim", a Lonza geralmente não tentava direcionar ou limitar a criatividade dos seus funcionários, mas ouvia abertamente quaisquer sugestões que surgissem. Ela catalogava e armazenava cuidadosamente cada proposta, grande ou pequena, promissora ou trivial, em vários bancos de dados de ideias por toda a empresa.

O Problema: Excesso de Ideias Aleatórias

Esse foi o estado de coisas durante alguns anos, até que Previdoli, um funcionário de carreira da Lonza com doutorado em engenharia química, entrou em cena. Previdoli havia sido promovido a chefe de P&D e desenvolvimento de novos negócios em uma das divisões. Ele instituiu o seu trabalho como um estudo do canal de processamento das ideias da Lonza, entrando no papel de arquiteto da inovação. Previdoli percebeu rapidamente que algo não estava funcionando. As ideias dos funcionários eram coletadas, certo, mas depois muito pouca coisa acontecia com elas. Previdoli comentou: "Quando analisei o banco de dados de ideias da Lonza, havia várias centenas delas – desde ideias de novos produtos até pequenas melhorias nos processos ou sugestões para automatizar algum procedimento menos importante. Porém, a maioria das ideias estava lá há anos, com muito pouco acompanhamento. Parecia um pouco com um buraco negro de ideias e acho que os nossos funcionários começaram a perceber isso".

Enquanto Previdoli investigava os motivos, ele descobriu que parte do problema era gerencial: ninguém havia criado um processo para o que aconteceria com as ideias *após* elas serem coletadas. Como seriam avaliadas? Quem teria capacidade para fazê-lo? Como a empresa encontraria os recursos para levar adiante as melhores ideias? Para corrigir isso, Previdoli iniciou o trabalho gradual de criar uma arquitetura que desse apoio ao processo inteiro, da ideia até a execução.

Mas, curiosamente, Previdoli percebeu que não se tratava apenas de um problema de capacidade. O problema também era que a empresa recebia um *excesso de informações aleatórias*. De certo modo, a filosofia de que "tudo é aceito" produzia uma torrente de ideias majoritariamente decentes, mas não de grandes ideias, sendo que a maioria delas não faria uma grande diferença para a Lonza. Então, Previdoli resolveu tentar uma abordagem diferente: em vez de pedir às pessoas quaisquer ideias que pudessem trazer, ele tentaria colocar um foco em sua busca pelas ideias, colocando limites bem específicos para os tipos de ideias que ele queria ver.

"Só Quero Ideias Que..."

Logo surgiu a oportunidade quando um dos produtos da Lonza – o nome é confidencial, então vamos chamá-lo "Tiamina" – esteve sob uma forte pressão de preços. A Lonza fabricava e vendia a Tiamina havia décadas, lucrando bem com ela, mas agora os concorrentes estrangeiros com custos trabalhistas mais baixos haviam começado a colocar o preço da Lonza fora da realidade do mercado. Como consequência, a divisão de Previdoli teria que fechar suas fábricas de Tiamina, a menos que conseguisse encontrar uma maneira de reduzir radicalmente os custos. Então, junto com os chefes de divisão da Lonza, Previdoli fez uma convocação altamente focada aos funcionários da empresa em busca de ideias, explicando que ele *só* queria ideias que:

- Se concentrassem em aperfeiçoar o processo de fabricação da Tiamina e
- Gerassem uma economia de custos de 30%, no mínimo.

A convocação altamente focada valeu a pena imediatamente. Com uma direção clara e com objetivos tangíveis a serem alcançados, os funcionários da Lonza cravaram os dentes no desafio. Em algumas semanas

INOVAÇÃO COMO ROTINA

Previdoli e sua equipe receberam quatro ideias viáveis e diferentes para reduzir os custos. Eles testaram as ideias simultaneamente e executaram a mais promissora em uma fábrica-piloto. Ela superou as expectativas: através de uma simplificação drástica do processo, a Lonza aumentou a produtividade em 100 vezes e reduziu o custo do ativo de produção da Tiamina em 75%. A operação da Lonza foi salva e os acionistas ficaram encantados quando a empresa poupou milhões de dólares em economia de custos.

O Custo Oculto da "Liberdade para Inovar"

A história da Tiamina é um exemplo do tremendo poder do foco. Essa história mostra a diferença quando os líderes agem como arquitetos da inovação, direcionando a busca pela inovação e definindo limites claros para o seu pessoal. Talvez ainda mais interessante, a história também é um testemunho da surpreendente falha de conceder às pessoas liberdade para inovar, pois quando você pensa nela, a parte mais notável da história é a pergunta: por que a ideia não foi aventada *antes*? Por que o exército de cientistas e engenheiros da Lonza não enxergou a oportunidade? A Tiamina não era um produto novo. Na verdade, quando Previdoli entrou em cena a Lonza já produzia a Tiamina havia mais de duas décadas, utilizando um processo antiquado e caro. Em outras palavras, *durante mais de vinte anos* a filosofia da Lonza de conceder às pessoas liberdade para inovar não conseguiu identificar uma oportunidade que poderia ter criado economias de custo importantes, alimentando diretamente os ganhos de primeira linha. A descoberta não dependeu de algum processo novo que apenas agora passou a ser conhecido. Durante todo esse tempo não houve nada que impedisse os pesquisadores da Lonza de identificarem a oportunidade. Nada, quer dizer, exceto a falta de um líder com uma estratégia clara quanto ao que ele queria que seus funcionários realizassem – e a compreensão de que, quando se trata de inovação, o foco quase sempre é mais importante do que a liberdade.

Falta de Foco: Uma Barreira Comum

A ideia de que a inovação se beneficia da direção não é nova. Desde que o psicólogo J. P. Guilford lançou extraoficialmente o campo dos estudos da criatividade em uma famosa palestra em 1950, a pesquisa sobre os processos criativos estabeleceu reiteradamente que muitas vezes você consegue obter ideias melhores e mais originais se impuser algum tipo de restrição ou limitação nas ideias das pessoas, em vez de conceder-lhes total liberdade. Também dentro dos limites mais estreitos da criatividade empresarial, os estudiosos da inovação como Teresa Amabile, da Harvard, reuniram meticulosamente evidências empíricas de que a atribuição de objetivos claros para os esforços de inovação tende a produzir resultados muito melhores. Mas, até que ponto essa ideia realmente se aplicou à vida real?

Tanto a nossa experiência profissional quanto alguns dos dados disponíveis sugerem que a resposta é "não muito". De acordo com um estudo que realizamos em 2011 com Koen Klokgieters e Freek Duppen, da Capgemini, o não direcionamento da busca das pessoas por novas ideias pode ser a barreira mais comum para a inovação.

No estudo, examinamos de perto uma expressão específica do foco, que é o conceito de estratégia de inovação. Fizemos um levantamento com 260 executivos no mundo inteiro, a maioria deles detentora de papéis formais em inovação, ou seja, eles ocupavam cargos de chefe de inovação, diretor de inovação e posições similares, indicando que suas empresas não eram indiferentes quanto à importância de inovar. Contudo, nossos dados relevaram que apenas 42% das empresas que pesquisamos tinha uma estratégia de inovação explícita. Além disso, quando perguntamos o que mais restringia a capacidade de inovação de suas empresas, a resposta quase unânime foi "a ausência de uma estratégia de inovação bem articulada". (Ver o quadro "Pesquisa: Qual é o Conteúdo das Estratégias de Inovação?")

Pesquisa: Qual é o Conteúdo das Estratégias de Inovação?

No nível superior de orientação empresarial, muitas empresas (ou seus diretores de inovação) adotaram a prática de esculpir uma estratégia de inovação. No entanto, essa prática, se não for incipiente, ainda está em sua adolescência. Atualmente não existe um arcabouço unificado ou uma definição consensual do que seja uma estratégia de inovação.*

Por essa razão, pedimos aos participantes da nossa pesquisa para especificarem o conteúdo de suas estratégias de inovação. Na lista de resultados repare, em particular, que metade do conjunto de metas específicas de inovação, apenas quatro em dez, define com quais parceiros haverá colaboração e uma em cinco não esclarece como a inovação se alinha com a estratégia da empresa. Nas constatações a seguir, o número entre parênteses é a porcentagem de participantes que incluíram o item em sua estratégia de inovação:

- **Alinhamento com a estratégia da empresa (80%).** Como a busca pela inovação vai ajudar a criar valor para o negócio?

- **Tecnologia (64%).** Em quais tecnologias estamos focados?

- **Mercados (62%).** Em quais mercados procuramos inovar? Em quais segmentos de clientes?

- **Cultura de inovação (58%).** Que tipo de cultura interna vamos tentar criar?

- **Processos de inovação (55%).** Quais sistemas e estruturas vão nos ajudar a inovar?

- **Capacitação interna (47%).** Quais habilidades e capacitações de inovação iremos desenvolver em nosso pessoal?

- **Metas (44%).** Quais metas específicas atingiremos através da inovação?

---

* Na verdade, por meio de levantamentos anteriores, as pessoas que trabalhavam na Capgemini descobriram que até mesmo os especialistas em inovação costumavam ter problemas para explicar o que é uma estratégia de inovação.

- **Parceiros (40%).** Com quais parceiros externos procuraremos colaborar? De que modo?

As pesquisas que foram além dos especialistas em inovação a abrangeram um amplo grupo de funcionários e gestores também confirmaram a constatação. Em um levantamento geral com 1.356 gestores, por exemplo, os pesquisadores Jay Jamrog, Mark Vickers e Donna Bear descobriram que a segunda e a terceira barreiras para a inovação mais mencionadas eram, respectivamente, "a ausência de estratégia formal para a inovação" e "a falta de objetivos/prioridades claros".

Objetivos, prioridades e estratégias para a inovação são, naturalmente, três coisas diferentes, mas eles têm em comum o seguinte: fornecem aos funcionários uma resposta para a pergunta: "Em que eu deveria me concentrar?". Nessa ótica, fica claro que, além da exortação para pensar de maneira não convencional, muitos gestores não dizem aos funcionários para aonde deveriam ir e o que deveriam alcançar.

Perdido na Floresta: Qual é o Problema com a Liberdade?

Para compreender por que o *foco* consegue produzir resultados melhores do que a liberdade é preciso examinar de perto a realidade diária enfrentada por seus funcionários, examinando detalhadamente seus comportamentos diários. Como um exercício mental, coloque-se no lugar deles. Durante um dia útil normal, os funcionários tomam centenas de pequenas decisões sobre o que fazer em seguida, algumas delas deliberadas, mas a maioria delas automática. Pegar o caminho de fazer as coisas como sempre foram feitas é relativamente fácil. Mas, e se o seu chefe tiver acabado de pedir para você inovar, sem mais orientações sobre o que isso significa? A realidade é que, como funcionário, quando você olha para longe da estrada principal e pensa em entrar no território inexplorado, você logo fica cara a cara com um grande número de *escolhas*. Por exemplo: Em que direção eu devo seguir? Existem áreas a serem evitadas? Posso explorar ideias que não estejam diretamente relacionadas com a nossa empresa? Que tipo de resultado conta como um bom resultado? Devo examinar as matérias internas, pensar sobre novos produtos, visar a economia de custos, repensar nossos planos de marketing, corrigir pequenos problemas, atirar às cegas ou algo completamente diferente? Aliás, quando é o momento certo de começar – hoje, amanhã, mês que vem?

Os potenciais inovadores se deparam com um amplo (e muitas vezes desnorteante) conjunto de decisões, gerando pelo menos três tipos de problema. Primeiro, a pesquisa sobre tomada de decisão constatou o que o autor Barry Schwartz chama *o paradoxo da escolha*, ou seja, o fato de ter muitas opções pode exercer um efeito paralisante nos tomadores de decisão. Simplificando, se as pessoas não sabem por onde começar ou o que visar, provavelmente não vão começar, mas, em vez disso, vão voltar a sua atenção para algo mais tangível, como fazer as coisas como sempre foram feitas. Segundo, a falta de direção também significa que as pessoas podem perseguir objetivos bastante diferentes, dificultando o seu êxito. Terceiro, um perigo mais sutil as aguarda: as pessoas fazem o que você pede e partem corajosamente para inovar – só que elas inovam em uma área que não tem qualquer valor para o seu negócio.

Coletar Ideias que Valham a Pena ser Executadas

Para exemplificar como a filosofia de que "a inovação precisa de liberdade" pode levar uma empresa pelo caminho errado, considere como muitas empresas realizam *concursos de ideias* internos. Quando os líderes de inovação principiantes tentam alavancar a criatividade de seus funcionários, muitas vezes eles simplesmente vão solicitar ideias e depois esperar pelo melhor, rezando para seja lá o que for que se esgueire do subconsciente coletivo de sua empresa não venha a ser tão absurdamente terrível para executar. Porém, frequentemente é terrível, pois, como constataram os estudiosos da criatividade, na ausência de uma declaração do problema específica e focada, as pessoas não tendem a trazer ideias muito originais ou interessantes. Nessas situações pode surgir uma ideia nova, mas ela será inundada por uma torrente de queixas mal disfarçadas ("aumente o nosso salário, por favor"), sugestões comuns ("mais opções vegetarianas no nosso refeitório"), pensamento melancólico ("vamos parar de fazer reuniões"), devaneios não censurados ("vamos deixar nossos clientes decidirem o quanto querem pagar por nossos produtos") e a ideia casual e *verdadeiramente* demente ("diminuir o salário dos executivos").[1] Depois os gestores partem para executar algumas sugestões de "sucesso imediato", mas a maioria das ideias nunca vai adiante, talvez porque sejam difíceis demais para avaliar, ou porque não há uma real motivação corporativa para levá-las adiante. Naturalmente, por uma deliciosa ironia que poucos apreciam, a empresa ainda assim pode julgar o concurso de ideias um grande sucesso com base nas evidências principais de que um grande número de ideias foi produzido pela iniciativa ("Nosso último concurso de inovação resultou em mais de 350 ideias! Parabéns!").

A filosofia do sucesso imediato não é ruim; pela rápida execução de pequenas ideias, os gestores conseguem mostrar às pessoas que suas ideias são levadas a sério. Mas, em um sentido importante, essa abordagem carece de um ponto fundamental. O que a história da Lonza realmente destaca é uma mudança de perspectiva. Não se trata de executar as

---

[1] Um comentário rápido, para não incorrermos na ira dos admiradores. Frequentemente as pessoas trazem ideias relativamente comuns sobre melhorar a escolha dos alimentos, obter melhores condições de estacionamento e questões similares. Essas ideias podem justificar a sua execução, pelo menos se um dos seus principais objetivos for aumentar a satisfação do funcionário. Mas, não se engane: em geral as ideias se tratam de criar conforto, não de desempenho da empresa. Apesar de décadas de pesquisa, ainda não está claro se aumentar a felicidade do funcionário gera um desempenho melhor; na verdade a ligação parece ir por *outro caminho*. Mais uma vez, isso não significa que não valha a pena fazer; apenas não espere que o preço da ação suba em paralelo com as possibilidades de combinação do buffet de saladas.

ideias que recebe; trata-se de *se certificar de que essas ideias valem a pena ser executadas;* Ao esclarecer a finalidade estratégica da inovação e depois compartilhá-la com as pessoas, os arquitetos da inovação podem se certificar de que as pessoas se doam ao máximo em sua busca pela inovação. É por isso que os líderes devem imbuir em seus funcionários a busca pela inovação, com algum tipo de direcionamento. Dependendo das especificidades, o melhor veículo para fornecer esse direcionamento vai ser diferente, assim como o grau de autonomia que ele confere aos funcionários; pode ser uma declaração estratégica ampla para a empresa inteira ou pode ser um objetivo, meta ou estado desejado muito específico que os membros de uma equipe devem tentar atingir. Mas, em essência, pensando previamente nessas questões e compartilhando-as de uma maneira que as torne operacionais, os líderes proporcionam uma *arquitetura de decisão* para os seus funcionários: uma função de orientação (ou imposição) externa que os ajuda a fazer boas escolhas em relação a onde investir seus esforços. (Veja o quadro "Quando a Liberdade é Conveniente?")

Três Maneiras de Ajudar as Pessoas a Manterem o Foco

No restante deste capítulo, discutimos como você pode ajudar as pessoas a manterem o foco em sua busca pela inovação. Dependendo da sua situação, você pode querer pensar sobre isso de várias maneiras: como uma estratégia de inovação, um plano de ação ou simplesmente como uma declaração de objetivos, como a que Previdoli fez para os seus funcionários na Lonza. O que interessa, segundo a nossa experiência, não é o nome que você dá, mas se ajuda as pessoas a tomarem boas decisões. Isso implica em conseguir três coisas:

1. Esclarecer o objetivo: o que estamos tentando alcançar?
2. Definir a área de segurança: quais são os limites da busca?
3. Mudar o espaço de busca: que áreas *novas* as pessoas deveriam examinar?

Quando a Liberdade é Conveniente?

A liberdade não é de todo má. Dar liberdade total às pessoas aumenta a chance de que elas venham a encontrar uma ideia *realmente* incomum, proveniente de um ângulo completamente inesperado. Mas, conceder liberdade às pessoas também aumenta drasticamente a probabilidade destas pessoas virem a desperdiçar energia em ideias *ruins* que não vão criar (oportunamente) valor para a empresa. (Lembre-se de que *a maioria das ideias é ruim*.) Esse conflito de escolha, segundo a nossa experiência, não funciona bem para os líderes normais, onde o prazo para produzir resultados da inovação tende a ser curto. Ele pode ser mais adequado nos departamentos de P&D e congêneres, onde há mais margem de manobra para projetos de alto risco e alta recompensa.

Além disso, a liberdade pode ser útil quando lidamos com um domínio novo e pouco compreendido. No caso das tecnologias emergentes, por exemplo, os líderes podem não ser as melhores pessoas para determinar onde o valor potencial é maior. Nessas situações, pode fazer sentido dar mais liberdade aos funcionários subalternos para determinarem ou influenciarem o foco.

Finalmente, o foco não deve ser confundido com apostar todas as fichas em uma única área. Mantendo diferentes áreas de foco para diferentes grupos, os líderes conseguem criar um pequeno portfólio de apostas, distribuindo o risco e aumentando as chances de sucesso. Conceder liberdade às pessoas para determinar o seu próprio foco é uma das maneiras de fazê-lo; outra é ter certeza de que há uma boa distribuição entre as várias alternativas, misturando projetos de baixo e alto risco e visando aos diferentes aspectos do negócio ou do cenário de consumo. (Para ler mais sobre isso, veja a literatura sobre "Portfólios de inovação".)

1. Esclarecer o objetivo:
O Que Estamos Tentando Alcançar?

Talvez a pergunta mais importante seja: qual é o tipo de *resultado* pelo qual você quer que as pessoas se esforcem? Em nossa definição de inovação – criar resultados fazendo coisas novas – é preciso ter certeza de que as pessoas sabem o que é considerado um bom resultado. Colocando-se no lugar de um inovador, você pode perguntar se há algum tipo específico de resultado que seria especialmente valioso para a sua empresa. Tenho uma ideia para aumentar a satisfação dos funcionários ou reduzir as nossas emissões de carbono, isso vale a pena ou eu deveria considerar apenas os projetos que cortem custos, aumentem a participação de mercado ou qualquer outra coisa? E que tipo de resultado tornaria uma ideia atraente? Um potencial corte de 3% nos custos justifica a empolgação ou preciso pensar mais alto para que isso valha a pena ser considerado?

No caso da Lonza, Previdoli fez uma declaração bem clara: seus funcionários precisavam descobrir maneiras de obter 30% de economia de custos, pois esse era o patamar necessário para salvar a operação da Tiamina da pressão imposta pela concorrência. Na NutroFoods Bélgica, a equipe de gestão também definiu um objetivo claro, que foi o de transformar a NutroFoods no melhor lugar para trabalhar no país em um prazo de quatro anos. Além de ser um objetivo digno por si só, esse objetivo foi crucial para reduzir a rotatividade dos funcionários (um fator fundamental para o custo) e fazer com que o negócio prosperasse.

A resposta, no nosso caso, vai depender da situação e você precisa pensar muito sobre a situação estratégica antes de definir o objetivo correto. A seguinte (e incompleta) lista de possíveis objetivos de inovação pode estimular o seu pensamento:

- Atingir a meta mensal de vendas.
- Aumentar a participação nos principais mercados.
- Cortar custos para aumentar a competitividade.
- Aumentar a retenção dos clientes atuais.
- Reduzir a rotatividade dos principais funcionários.
- Aumentar o *branding* do empregador para atrair os melhores talentos.
- Diminuir o tempo para os novos produtos chegarem ao mercado.
- Contornar os obstáculos regulatórios em um mercado externo.
- Reduzir a dependência de um determinado fornecedor.
- Parecer inovador na preparação para uma venda da empresa.
- Simplificar os processos internos para aumentar a flexibilidade.
- Descobrir mercados novos ou adjacentes para entrar.
- Criar consciência no cliente sobre uma questão-chave.
- Lidar com uma crise de relações públicas.
- Melhorar a qualidade da produção.
- Aumentar a segurança no uso dos seus produtos.
- Explorar um recurso existente e subutilizado.
- Defender nosso mercado principal contra um novo entrante.

Chegar a um consenso a respeito do objetivo certo pode ser mais difícil do que parece depois que você leva seus funcionários a debaterem o tema. Uma semana antes de concluir este capítulo, passamos vários dias em Kiev, trabalhando com um grupo de gestores russos sobre como promover a inovação dentro de sua empresa de mil funcionários. Os russos eram muito fortes na execução e nos forneceram um plano elaborado e bem pensado sobre o que eles fariam ao longo dos próximos quatro meses. Mas, depois que lhes pedimos para definir o objetivo maior – aonde tudo isso levaria e como isso ajudaria a empresa? – o mundo desabou. Como se viu, os quatro gestores tinham ideias muito diferentes sobre quais objetivos mais importavam para a empresa. Somente por meio de uma dura, mas importante discussão eles começaram o processo de alinhamento de ideias. Sem uma noção clara e comum do *resultado* desejado – primeiro entre os líderes e depois entre os funcionários – é provável que as tentativas de inovação não venham a ter muito impacto. Como um arquiteto da inovação você tem de ser claro quanto aos objetivos de inovar e comunicá-los amplamente.

Em Que Nível as Empresas Decidem o Foco?

O foco precisa ocorrer em algum nível, mas não tem de ocorrer em *todos* os níveis. Em uma empresa com a qual trabalhamos, os membros da equipe de liderança regional optaram deliberadamente por deixar cada gerente nacional decidir onde concentrar os esforços dos seus funcionários. As únicas diretrizes rigorosas que forneceram foram o cronograma – onde tinham que gerar resultados da inovação – e o nível de resultados previsto. Além disso, em vez de impor um foco estreito, eles se certificaram de que todos os seus gerentes nacionais compreenderam quais eram os objetivos da empresa e como o cenário estratégico estava mudando. Feito isso, eles permitiram que seus gerentes tomassem decisões acertadas sobre o que focar em seus próprios mercados, concedendo-lhes liberdade para se adaptarem às condições locais, certificando-se ao mesmo tempo de que suas escolhas ainda estariam alinhadas com as prioridades globais da empresa.

Não existem regras rígidas e rápidas para o nível em que o foco deve ocorrer. Nos mercados com alto grau de incerteza, ou com grandes diferenças locais, pode fazer sentido delegar aos níveis inferiores a decisão sobre onde focar. Nas situações em que há grandes vantagens decorrentes da colaboração e da sinergia, ou prioridades estratégicas extremamente claras e globais, pode fazer sentido determinar um escopo maior na empresa.

2. Definir a Área de Segurança: Quais são os Limites da Busca?

Além de um objetivo claro, as pessoas precisam de *restrições* em sua busca. Se você pensa que a inovação é uma nova trilha pela floresta, então o objetivo transmite para as pessoas aproximadamente aonde você quer que elas cheguem, enquanto as restrições lhes dizem *como chegar lá*: que rotas seguir, que armadilhas evitar e, talvez, a que tipo de companheiros de viagem pedir conselhos.

Não definimos aqui um arcabouço específico, em parte porque não acreditamos que seja possível definir um único, que funcione em todos os níveis e em todas as situações. Em vez disso, para manter as coisas práticas, apresentamos uma lista de perguntas comuns com as quais os futuros inovadores se deparão. A lista ajuda você a considerar se o seu pessoal consegue responder claramente às perguntas. Para cada uma delas, pergunte-se se existe uma resposta certa (ou errada), na perspectiva da sua empresa. Se existir, seus funcionários sabem qual é a resposta?

Qual é o prazo certo? Com que rapidez eu preciso produzir resultados? Por exemplo, é certo dar seguimento a uma ideia que não vai criar resultados nos primeiros dois anos e meio? Está certo perseverar em algo quando o prazo é incerto?

Em quais partes interessadas eu deveria me concentrar? Eu deveria olhar apenas para os nossos clientes atuais ou é certo explorar ideias voltadas para os que ainda não são clientes? E as ideias voltadas para o pessoal interno ou para os parceiros? Elas estão fora dos limites?

- Existem áreas específicas das quais eu deveria me manter afastado? Quais áreas não são estrategicamente relevantes para a empresa? Quais áreas eu deveria evitar, já que elas podem arrastar a empresa para problemas judiciais ou éticos? Existem possíveis "campos minados" os quais eu deveria evitar?
- As ideias devem estar próximas de nossas ofertas atuais? Ou está certo brincar com as ideias em um setor ou domínio no qual a empresa atualmente não está atuando? E quanto às adjacências? E

quanto às ideias que possivelmente poderiam canibalizar uma parte do nosso negócio atual?

- E os projetos confusos? E se simplesmente não for possível quantificar o potencial de uma ideia com nenhum grau de confiabilidade? Se tudo o que eu tiver for uma intuição de que algo tem potencial, isso é o bastante para explorar a ideia mais a fundo ou eu deveria me ater às ideias que possam ser confiavelmente modeladas em uma planilha?
- Qual é o grau de risco aceitável? Eu deveria priorizar as apostas seguras em relação aos projetos de alta recompensa e alto risco? Como calibrar a relação entre risco e recompensa? Até que ponto eu posso decidir sozinho "debaixo dos panos", e quando é necessário obter aprovação?
- Com quem posso colaborar? Devo falar com pessoas de fora? E com os parceiros? Podemos debater as ideias abertamente com os parceiros ou isso é um erro estratégico? Devo me ater ao departamento ou falar com outras unidades de negócio?

O que essas perguntas realmente destacam são as várias maneiras como um inovador solitário e sem orientação pode criar confusão. Na ausência de orientação, os funcionários mais cautelosos simplesmente não vão fazer nada, enquanto as pessoas mais entusiasmadas podem apenas seguir em frente e começar a criar problemas.

Naturalmente, se uma pessoa surgir com uma ideia específica ela pode vir até você e fazer as perguntas diretamente. A questão de fornecer o foco, porém, é antecipar essa orientação ou, no mínimo, partes dessa orientação podem ser definidas de antemão. Compartilhando as restrições-chave e as armadilhas, você consegue atingir o objetivo duplo de evitar problemas, aumentando ao mesmo tempo a chance de as pessoas trazerem ideias boas logo de primeira.

3. Mudar o Espaço de Busca: que Áreas Novas as Pessoas Deveriam Examinar?

Até agora falamos sobre esclarecer os objetivos e definir bons limites para os inovadores. O argumento final é de natureza mais exploratória e aponta que, além de focar a busca pelas ideias, os arquitetos da inovação também devem buscar áreas do negócio novas e inexploradas, o que chamamos de *mudar o espaço de busca*. Para ilustrar essa ideia, considere a história a seguir, vivida por um líder que conhecemos.

Você pode não ter ouvido falar de Glenn Rogers ou de sua empresa, a Go Travel, mas certamente já se deparou com seus produtos. A Go Travel – que antes tinha o nome de Design Go – é uma das principais fabricantes mundiais de acessórios para viagem. Se você viaja muito, provavelmente já comprou um encosto de cabeça inflável ou um transformador de energia em um de seus estandes em aeroportos. Assim como muitas outras empresas, os esforços de inovação da Go Travel se concentram em desenvolver novos produtos de consumo. Depois de concebidas as ideias novas, Roger tem uma equipe composta por quatro pessoas que se reúnem regularmente para avaliar quais ideias têm mais mérito para seguir em frente – seja um novo design para um encosto de cabeça, uma nova maneira de embalar tampões de ouvido, uma maneira melhor para produzi-los ou, talvez, um tipo de dispositivo inteiramente novo para atender às necessidades dos passageiros. Seguindo essa abordagem, em um ano típico a Go Travel introduz 35 produtos novos no mercado.

Entretanto, em um ponto Roger e sua equipe fizeram uma coisa interessante: eles *mudaram o espaço de busca*, olhando para além dos produtos e mirando novas áreas para inovar. Os produtos da Go Travel são estocados em pequenos estandes nos aeroportos e tradicionalmente cada proprietário ou sua equipe resolvem como os produtos serão posicionados em cada estande. Roger e sua equipe começaram a se perguntar se poderiam fazer alguma coisa naquele espaço. Como Roger nos contou:

> O que aconteceu foi que paramos um pouco de pensar nos produtos e começamos a questionar sobre a exposição dos mesmos.

Sabíamos que os lojistas abasteciam nossos estandes com base em alguma combinação de bom senso e conveniência – mas as práticas eram diferentes de acordo com a loja e ninguém fazia qualquer tipo de análise sistemática sobre como a exposição afetava as vendas. Então, começamos a nos perguntar: podemos inovar nesse espaço? Podemos, por exemplo, criar algum tipo de software que nos ajude a determinar a melhor maneira de expor os produtos?

Nesse momento, a ideia parecia interessante para Rogers, mas também um pouco estranha. Investir em programas de computador para decidir se o produto X deveria se colocado à esquerda ou à direita do produto Y é o tipo de coisa que os gigantes do varejo, como o Walmart, fazem. A empresa também lança seus próprios satélites. O Walmart é tão grande que uma pequena economia de custos de alguns dólares por loja pode justificar grandes investimentos e ela possui uma quantidade incalculável de itens em seu portfólio de produtos. A ideia de que a empresa de Rogers poderia obter benefícios consideráveis analisando a exposição dos produtos, e muito menos convencer os varejistas a seguirem as suas recomendações, parecia um pouco distante, e os clientes diretos de Rogers – das lojas de departamentos até os varejistas dos aeroportos – certamente não demonstraram qualquer interesse em um serviço dessa natureza.

Todavia, Rogers achou a ideia suficientemente interessante para levá-la adiante e acabou contratando uma empresa britânica de desenvolvimento de software para criar um aplicativo para essa ideia. Como se viu, os resultados foram muito melhores do que qualquer um poderia esperar:

> Nosso primeiro grande sucesso chegou semanas após o início do uso do programa. Identificamos que o nosso maior cliente britânico poderia, na verdade, ter mais um produto no espaço já alocado para nós. Com cinco produtos por gancho, oitocentas lojas de varejo e uma projeção de vendas de mais de dez vezes por ano, essa ideia pagou todo o custo de desenvolvimento do software. Hoje, ne-

nhum dos nossos clientes cuida do posicionamento dos produtos; isso foi totalmente automatizado em todos os 45 países nos quais vendemos e nos ajudou a quintuplicar o nosso negócio.

A Inovação É um Holofote

Como destaca a história de Glenn Rogers, quando os líderes direcionam a busca pela inovação para novas áreas, isso pode criar resultados extraordinários. Isso é algo que os arquitetos da inovação podem fazer deliberadamente. A escolha da área de foco da inovação pode ser encarada como um *holofote,* que o líder decide para onde apontar. A metáfora é uma ferramenta mental útil porque ela transmite várias ideias sobre a orientação da busca pela inovação:

- Sua tarefa como líder é apontar o feixe de luz na direção certa para que as pessoas possam olhar para as áreas certas.
- Assim como a atenção, um holofote funciona melhor quando é concentrado. Se ampliar demais o feixe de luz, tentando ver todos os lugares ao mesmo tempo, você não consegue ver realmente com clareza.
- Por padrão, o holofote tende a apontar diretamente para uma área, como o desenvolvimento de um novo produto. Movendo o feixe regularmente, os líderes conseguem assegurar que seus funcionários explorem novas áreas do negócio que poderiam abrigar um grande potencial de inovação.

Enquanto você considera para onde apontar o holofote, recomendamos o uso de algum tipo de modelo ou arcabouço para que a busca se torne sistemática. No Apêndice A apresentamos alguns modelos que você pode usar para mapear o seu modelo de negócio e identificar áreas novas ou inexploradas e visá-las.

Conclusão: Itens de Ação Sugeridos

Este capítulo descreveu o primeiro comportamento fundamental que é ajudar as pessoas a *manterem o foco*. Para aumentar a probabilidade de o seu pessoal vir a procurar ideias nos lugares certos e fazê-lo com o foco necessário para progredir, você pode:

- Esclarecer a finalidade estratégica de inovar. Qual resultado específico ou meta seria mais benéfico para a sua empresa? O que faria uma diferença significativa? E o que não faria?
- Considere mais uma vez a lista de perguntas enfrentadas pelos funcionários quando tentam inovar, apresentada na seção sobre definição da área de segurança. Quais são as restrições-chave para o *seu* negócio? Existe uma área de segurança claramente definida na qual as pessoas possam inovar?
- Existe um problema muito específico, importante, que você possa definir para os seus funcionários, direcionando-os para solucioná-lo? Assim como Previdoli fez na Lonza, tente estabelecer diretrizes para a busca e veja como ela funciona.
- Pense sobre os vários aspectos do seu modelo de negócio, em sua cadeia de valor e nas interações da sua empresa com as várias partes interessadas. Existem áreas onde as pessoas *não* têm buscado pela inovação e que poderiam se revelar proveitosas?
- Finalmente, os objetivos, as restrições e os espaços de busca são comunicados ou compartilhados com as pessoas de uma maneira que possam compreender e usar no dia a dia?

CAPÍTULO 3

CONECTAR

COMO AJUDAR AS PESSOAS A TEREM IDEIAS DE ALTO IMPACTO

A PERCEPÇÃO VEM DE FORA

Os líderes precisam ajudar o seu pessoal a
se conectar com os clientes, colegas e outros

Quando Bernard D. Sadow, um executivo de 44 anos de idade de uma empresa de bagagens, voltou das férias em Aruba, ele teve uma ideia que acabou levando-o à presidência da empresa, a criar um lucrativo monopólio de dois anos para sua empresa e a assegurar o recebimento de um belo pagamento de royalties pelas próximas décadas. Sadow teve a ideia enquanto estava na área de transferência de voo da aduana no aeroporto de Porto Rico, junto com sua esposa, seus dois filhos e duas malas pesadas, com 70 centímetros cada uma. Então, ocorreu o momento mágico: um funcionário do aeroporto passou por ele empurrando sem qualquer esforço um grande equipamento sobre um carrinho com rodas.

Sadow olhou para o carrinho. Depois, olhou para as suas duas malas. Finalmente, ele olhou para sua esposa e disse as palavras imortais: "É disso que precisamos agora: rodinhas na bagagem".

A história de Sadow contém várias lições sobre inovação, mas o fato mais notável é: isso aconteceu em 1970. Em 1970, você deve lembrar, a humanidade tratou de colocar rodas em muitas coisas diferentes: em brinquedos, bicicletas, carros, aviões e, aliás, no veículo lunar que a próxima missão da NASA, a Apolo 15, lançaria a 400 mil quilômetros no espaço sideral para percorrer a superfície da Lua. Porém, tente encontrar uma *mala* com rodinhas e você não teria sorte até 1972, quando a loja de departamentos Macy's começou a vender a invenção de Sadow. Considerando que a roda foi inventada aproximadamente em 3.500 a.C., um observador extraterrestre não teria outra opção que não fosse concluir que durante aproximadamente 5.472 anos a humanidade aparentemente *gostou* de carregar coisas pesadas por aí.[1]

A história fica mais estranha ainda. A mala com rodinhas que Sadow inventou não era como as de hoje em dia, que deslizam suavemente. Pelo contrário, era uma mala comum, antiquada, com quatro rodas pequenas e uma alça para arrastá-la, como um cão teimoso na coleira. A mala era tão trêmula e pesada que Sadow acabou inventando outra coisa para estabilizá-la: as rodinhas laterais. Foi só em 1987 – quinze anos mais tarde – que um piloto, Robert Plath, se dignou a fazer um aperfeiçoamento, a Rollaboard®. Ele fez isso (1) virando a mala e (2) acrescentando um tubo telescópico para ficar mais fácil arrastá-la. Plath veio a fundar uma empresa de bagagens e também ficou rico com a sua invenção.[2]

Encontrar as Vitórias Grandes e Rápidas

Durante a busca por boas ideias, as pessoas tendem a olhar para duas coisas: *tendências futuras* e *novas tecnologias*. Quais são as tendências no mercado? O que os nossos clientes vão exigir em um prazo de três anos?

---

[1] Sadow não foi a primeira pessoa a ter a *ideia* de colocar rodinhas nas malas; em 1958 D. Dudley Bloom, um inventor, tentou fazer com que seu chefe na Atlantic Luggage Company aprovasse um produto similar. No entanto, Sadow é considerado o pai da mala com rodinhas porque foi o primeiro a executar a ideia. Como você vai lembrar a partir da nossa definição, só é inovação quando se cria resultados.

[2] Se você quiser compartilhar essa história, criamos um conjunto de slides que está disponível em nosso *website*, www.IAsUsual.com.

O que vai acontecer quando as etiquetas de RFID[3] se tornarem populares, quando nossos clientes migrarem para os celulares, quando a biotecnologia se popularizar ou quando a futura "Internet das coisas" virar realidade?

Certamente, essas são perguntas importantes. Mas a história de Sadow é um lembrete poderoso de que nem todas as ideias são sobre o futuro; na verdade, algumas das ideias mais úteis podem vir do *passado*. As novas tecnologias, embora estimulantes, são inerentemente arriscadas e mal compreendidas, e o futuro é um alvo móvel com trajetória errática. Em comparação, considere a mala com rodinhas. Ela solucionou uma aflição dos consumidores que foi mal atendida durante anos, se não tiver sido por décadas; ela fez isso utilizando a tecnologia mais antiga do mundo, a roda, e ajudou o seu criador a fazer sucesso no mercado.[4] O que nos traz à questão central deste capítulo: Como você pode ajudar o seu pessoal a ter mais ideias *como essa*?

Inovação Recombinante

A resposta está relacionada com o segundo comportamento fundamental: ajudar as pessoas a *se conectarem*. Devido ao grande corpo de pesquisa, agora temos uma resposta muito clara para a pergunta relativa à origem das grandes ideias: elas vêm das pessoas sistematicamente expostas a *insumos novos e externos*. Não importa o quão brilhante as pessoas sejam, se elas ficarem confinadas em um mesmo mundo todos os dias, obtendo o mesmo tipo de estímulo que todas as outras pessoas obtêm, provavelmente elas não terão ideias originais. Por outro lado, quando as pessoas se expõem regularmente a novas ideias e lugares –

---

[3] RFID: identificação por radiofrequência (do inglês, *Radio Frequency Identification*).

[4] Antes da invenção da mala com rodinhas, o problema de transportar a bagagem não era tão insolúvel quanto *mal* solucionado. A bagagem normalmente era transportada por carregadores, mas as restrições de espaço dos terminais dos aeroportos tornava essa solução impraticável. Carrinhos com rodas também estavam disponíveis, mas como um produto independente no qual os consumidores tinham que amarrar a sua bagagem. A mala com rodinhas substitui essas soluções inferiores.

quando encontram pessoas novas, passam tempo com os clientes, vão a outros países, são expostas a novas indústrias, experimentam culturas diferentes, leem novos livros, estudam novas áreas ou até mesmo saem do escritório – elas aumentam radicalmente as suas chances de ter ideias melhores.

O motivo tem a ver com a natureza de uma ideia nova. Como destaca Andrew Hargadon, autor de *How Breakthrough Happen,* a maioria das ideias é criada através do que ele chama *inovação recombinante:* ou seja, elas são o resultado da combinação de duas ou mais ideias antigas. A título de exemplo, considere essa história clássica, contada pelo guru de criatividade Edward de Bono, sobre como uma equipe de pesquisadores médicos conseguiu entender uma característica específica do rim humano:

> Durante muitos anos os fisiologistas não conseguiam entender o propósito das longas alças dos túbulos renais: presumia-se que as alças não tinham uma função especial e que se tratava de um vestígio do modo como os rins evoluíram. Então, um dia um engenheiro olhou as alças e reconheceu de primeira que elas podiam fazer parte de um multiplicador de contracorrente, um dispositivo bem conhecido na engenharia, destinado a aumentar a concentração das soluções. Nesse caso, uma visão externa forneceu uma resposta para algo que era um enigma havia muito tempo.

A história apresenta um exemplo clássico de como o envolvimento de alguém com conhecimento diferente pode ajudar a solucionar problemas difíceis. O engenheiro não entendia nada de fisiologia, nem teve qualquer tipo de treinamento na área médica. Comparado ao nível de conhecimento dos fisiologistas, ele era, para todos os fins, um imbecil. Mas isso é totalmente irrelevante, pois o engenheiro tinha algo muito mais importante: *ele tinha em sua mente uma peça do quebra-cabeça dos fisiologistas.* Consequentemente, seu encontro resultou no que chamamos mudança revolucionária.

A Inovação é um Quebra-Cabeça

No entanto, a história vai além disso. Somos propensos a pensar que as mudanças revolucionárias criativas são provenientes de pensadores criativos. Porém, como destacou o pesquisador de criatividade Robert Weisberg, em resposta à história de Bono, há uma coisa engraçada sobre essa mudança revolucionária em particular, pois quando você pensa nela, *quem estava sendo criativo*? Os fisiologistas, por exemplo, não estavam pensando criativamente; estavam apenas entregues à solução. O engenheiro que viu os túbulos, por outro lado, também não teve um lampejo brilhante, pois apenas viu algo que reconheceu. A mudança revolucionária, em outras palavras, não ocorreu dentro da cabeça de ninguém. Ela ocorreu no *espaço entre elas*, em trazer um problema junto com uma solução. A força criativa verdadeira, se é que havia uma, foi a pessoa que possibilitou a interação entre o engenheiro e os fisiologistas, ou seja, o arquiteto por trás do encontro de ambos.

Esse tipo de espaço criativo é o que o especialista em inovação Frans Johansson chama *intersecções*. Em seus livros, *The Medici Effect* e *The Click Moment*, Johansson descreve como as ideias radicais brotam do encontro de pessoas, disciplinas e pontos de vista diferentes. Os espaços criativos ou as intersecções são importantes porque funcionam como mercados para os problemas e soluções, permitindo que se encontrem. Algumas vezes, o espaço criativo está dentro das nossas cabeças, quando um indivíduo viaja para lugares diferentes e obtém novas informações, armazenando e mesclando essas informações nos confins da sua mente. Outras vezes, os espaços criativos são físicos, como na história de Bono. Ainda em outras vezes, os espaços criativos são virtuais, residindo nos *websites*, nas intranets e em vários outros tipos de mercados de ideias. A essência é que nas empresas que procuram inovar, a sua criação e o seu uso continuado são importantes demais para serem deixados ao acaso. As ideias devem ser deliberadamente concebidas no ambiente de trabalho como parte integrante da arquitetura de percepção.

Três Maneiras de Conectar as Pessoas com o Exterior

O segredo para ter ideias originais passa a ser simples. Essencialmente, é preciso pensar em uma ideia como um quebra-cabeça cujas peças estão distribuídas em partes diferentes do mundo. Algumas peças estão nos livros, relatórios e outros instrumentos; outras estão adormecidas nos dados, esperando para serem descobertas; ainda outras estão armazenadas nas mentes de outras pessoas, esperando para serem reunidas na mente de um inovador. O papel do arquiteto da inovação não é encontrar essas peças, mas criar uma arquitetura de percepção – isto é, uma infraestrutura de espaços, lugares e conexões – que permita às pessoas encontrá-las. Em suma, é preciso criar espaços criativos na trama do ambiente de trabalho. Neste capítulo, explicamos como é possível fazer isso se concentrando em três tipos de conexões em particular:

1. Conectar as pessoas ao mundo do cliente
2. Conectar as pessoas aos seus colegas
3. Conectar as pessoas a mundos novos e dissociados

1. Conectar as Pessoas ao Mundo do Cliente

Se você estiver procurando ideias valiosas e de sucesso rápido, seus clientes atuais nunca são um ponto de partida ruim. Mas, não basta conectar os seus funcionários ao cliente. O que mais importa é *como* as pessoas se envolvem com o cliente, pois nem todas as abordagens têm a mesma probabilidade de produzir boas ideias.

Para testar a sua intuição sobre esse tema, classifique os seis métodos de geração de ideias na Figura 3-1, extraída de um estudo recente sobre desenvolvimento de novos produtos. Em cada método, coloque um mais ou um menos na caixa, dependendo se você acha o método bom ou ruim para gerar novas ideias valiosas. Anote suas respostas antes de continuar lendo.

FIGURA 3-1

Seis métodos selecionados para gerar ideias

☐	Concurso de ideias externas.	☐	Pesquisa etnográfica (observação direta dos consumidores em seu ambiente natural).
☐	Solicitar designs externos de produtos acabados.	☐	Grupos de discussão de clientes para a detecção de problemas.
☐	Submissão externa das ideias.	☐	Equipes de visitação dos clientes.

Fonte: adaptado de Robert Cooper e Scott Edgett, "Ideation for Product Innovation; What Are the Best Methods?" *PDMA Visions Magazine,* março de 2008.

Os métodos são provenientes de um estudo de inovação de produtos no qual os pesquisadores Robert G. Cooper e Scott Edgett pediram a 160 empresas para avaliarem 18 métodos de geração de ideia diferentes, indicando o quanto eles os consideraram frutíferos. A lista que você acabou de avaliar consiste nos três mais bem classificados e nos três piores métodos entre os dezoito apresentados. Os três considerados mais produtivos são:

1. Pesquisa etnográfica
2. Equipes de visitação dos clientes
3. Grupos de discussão para detecção de problemas

Na outra ponta da escala estão os três métodos com pior classificação dentre os 18 analisados pelo estudo:

16. Solicitar designs externos de produtos acabados
17. Submissão externa das ideias
18. Concurso de ideias externas

74 INOVAÇÃO COMO ROTINA

É claro que um único estudo não deve ser considerado uma verdade absoluta; os resultados poderiam ter sido diferentes se o estudo tivesse olhado além da inovação de produto. Mas, considerando o resultado como uma boa indicação, existe um padrão interessante oculto na comparação entre a parte de cima e a de baixo.

Imersão e Detecção de Problemas

Em resumo, todos os métodos classificados como menos produtivos se baseiam no pressuposto de que *os clientes podem ter a ideia por você*. Sob essa ótica, não há uma necessidade especial de o seu pessoal inovar; eles precisam agir apenas como receptores de ideias. Conforme o estudo indicou, essa filosofia é inviável. Em geral, os clientes não vão lhe dar boas ideias. Conforme o exemplo da mala com rodinhas indicou, as pessoas podem ser surpreendentemente cegas até mesmo a grandes pontos negativos relacionados ao seu produto ou serviço.[5] (Ver também o quadro "MyStarbucksIdea: Os Clientes Têm Ideias Originais?")

Em comparação, os três métodos mais bem classificados representam uma filosofia diferente e mais potente para buscar ideias. Em particular, a etnografia, as visitas dos clientes e os grupos de discussão voltados para problemas compartilham duas coisas. Em primeiro lugar, as pessoas não estão à procura de ideias; elas estão à procura de *problemas*. Escutando as frustrações dos clientes e, ainda mais importante, examinando a sua forma de fazer as coisas, os atalhos que eles tomam e os pontos críticos que eles encontram, seu pessoal vai começar a perceber novas oportunidades. Para produzir uma ideia com apelo imediato no mercado, a melhor coisa que você pode fazer é identificar uma *necessidade não satisfeita ou um problema não solucionado* importante e que seja comum aos clientes,

---

[5] Existe uma exceção importante para isso, que é a pesquisa com usuários avançados, um método desenvolvido por Eric von Hippel do MIT, no qual as empresas recorrem a usuários especiais de seus produtos e analisam como eles os modificam para se adequarem às suas necessidades. Embora o método seja considerado geralmente produtivo, ele depende da capacidade para identificar o conjunto certo de usuários avançados a ser estudado, e ainda exige o envolvimento do seu pessoal.

como aconteceu quando Sadow percebeu a necessidade de facilitar a movimentação das bagagens.

MyStarbucksIdea: Os Clientes Têm Ideias Originais?

No início de 2008, a Starbucks lançou o MyStarBucksIdea.com, um site de *crowdsourcing*[6] onde seus clientes podiam enviar ideias e votar nas que aprovassem. O *site* recebeu muita atenção da mídia e as pessoas certamente encararam o desafio; um ano após o lançamento da plataforma, as pessoas tinham enviado mais de 70 mil ideias; hoje já são mais de 100 mil. Até hoje, do imenso mar de sugestões, a Starbucks executou um pouco mais de 200 ideias no total. De cada 500 ideias, 499 eram descartadas ou colocadas em espera.

Colocando de lado a questão de quais podem ter sido as expectativas de seus usuários, a baixa taxa de execução não é problemática. Mas, analisando as poucas ideias selecionadas e executadas, surge a pergunta: elas não eram nem um pouco boas? A partir desse rio caudaloso de ideias dos clientes, a Starbucks produziu alguma inovação de alto impacto? Segue uma lista das ideias escolhidas que foram executadas; julgue por si mesmo seu potencial impacto.

- "TRAGAM DE VOLTA O PÃO DE CHOCOLATE E CANELA!!!"

- "Eventos de Teste de Sabores"

- "Mocha Coconut Frappucino!!!! Por favor, tragam-no de volta!!!"

- "Abram uma Starbucks na Noruega."

- "Por favor, apresentem o Disco de Zee Avi – *The Asian Ella!*"

---

[6] ***crowdsourcing*** é um modelo de produção que utiliza a inteligência e os conhecimentos coletivos e voluntários espalhados pela Internet para resolver problemas, criar conteúdo e soluções ou desenvolver novas tecnologias, como também para gerar fluxo de informação.

Se você analisar as mais de 200 ideias que a Starbucks resolveu executar fica claro que muitas delas se tratam de pedidos pela volta de produtos que a Starbucks já inventou internamente, mas depois desativou. A lista também inclui algumas ideias que soam mais novas, como a ideia de um aplicativo para pagamento pelo celular. Mas, em geral, a lista é quase indiscutivelmente caracterizada por uma impressionante ausência de ideias que a Starbucks não conseguisse por conta própria e com muito menos esforço.

Em nossa opinião, a iniciativa MyStarbucksIdea ilustra o fato de que uma campanha bem executada para obter ideias de sues clientes através do *crowdsourcing* pode ser uma excelente ferramenta de *marketing*. Certamente foi o que aconteceu com a Starbucks, já que ela amealhou muitos elogios da mídia e envolveu uma grande quantidade de clientes.* Como atestam as muitas ideias do tipo "tragam de volta o produto X!", essa também pode ser uma maneira de escutar o mercado, além do que a Starbucks já sabia a partir de seus dados sobre vendas. Mas em termos de obter ideias originais e de alto impacto, de acordo com o que foi indicado pela pesquisa de Cooper e Edgett, os esforços de *crowdsourcing* para obter ideias como o MyStarbucksIdea provavelmente têm pouco valor em relação ao investimento que eles exigem. (Naturalmente, a Starbucks poderia discordar da nossa opinião, como o farão os amantes mundiais do pão de canela e chocolate.)

---

* Porém, as campanhas em mídias sociais podem sair pela culatra. Em janeiro de 2012, o McDonald's lançou uma campanha de mídia social no Twitter incentivando as pessoas a publicarem (ou "twitarem") suas histórias favoritas sobre o McDonald's utilizando a hashtag, #McDStories. A campanha foi interrompida duas horas após o lançamento, pois as pessoas optaram principalmente pelo compartilhamento de *tweets* (mensagens) como essa de @SkipSullivan (um usuário do Twitter): "Uma vez fui a uma lanchonete McDonald's e pude sentir o cheiro do diabetes tipo 2 flutuando no ar e vomitei".

Segundo, na busca por ideias o seu pessoal precisa estar *imerso*: eles precisam estar em contato direto, pessoal e prolongado com o cliente. As necessidades não satisfeitas raramente vão se revelar através de e-mails ou canais "rarefeitos" similares. Sadow não teve a ideia da bagagem com rodinhas em seu escritório, lendo ocasionalmente as cartas enviadas pelos clientes; em vez disso, estava pelo mundo, *agindo* como os clientes. Ao fazer a sua própria imersão no mundo de outra pessoa, colocando-se no lugar dela e sentindo as suas dores, você começa a reparar nas nuances importantes de suas vidas. Como coloca Erich Joachimsthaler, autor de *Hidden in Plain Sight* e fundador da empresa de percepções do consumidor Vivaldi Partners:

> O problema típico com a inovação corporativa é que ela tende a adotar uma perspectiva de dentro para fora: ela é conduzida internamente, seja pelo departamento de P&D ou pelos funcionários do marketing. Se forem os aficionados por tecnologia a conduzirem as ideias, você acaba com uma grande quantidade de novos dispositivos com os quais ninguém, muito menos os consumidores, sabe o que fazer. O departamento de marketing, por outro lado, teoricamente é mais próximo dos consumidores – mas, o problema principal com o pessoal do marketing é que eles investem tempo demais tentando ser compreendidos e tempo de menos tentando compreender. Para ter sucesso com a inovação, você precisa adotar uma verdadeira perspectiva de fora para dentro e isso começa com a obtenção de uma compreensão detalhada e profunda do que os consumidores realmente fazem com os 1.440 minutos dos seus dias. Sem isso, você está inovando com um ponto cego do tamanho de um celeiro.

Como Aumentar a Exposição dos Funcionários aos Clientes

O estudo de Cooper e Edgett, que está disponível na Internet, fornece uma série de sugestões sobre como buscar novas ideias. (Ver também "Grupos de Discussão: Bons ou Ruins?") No entanto, estimular esforços de larga escala, como os estudos etnográficos ou as equipes de visitação de clientes, pode estar além das suas possibilidades. Seguem aqui algumas maneiras estruturais simples de aumentar a exposição dos seus funcionários aos clientes:

- Alguns funcionários já manterão contato regular com os clientes. Encontre uma maneira de aproveitar a conexão existente.
- Forneça ao seu pessoal de vendas algum treinamento básico em observação, junto com um sistema de recompensas simples pelo compartilhamento de ideias interessantes.
- Recompense os funcionários do *call-center* por enviarem observações sobre uma frustração frequente ou interessante dos clientes; por exemplo, prometendo-lhes uma pequena participação na economia de custos se qualquer uma das ideias for posta em prática.
- Peça para as pessoas tirarem fotografias com o celular se testemunharem um uso surpreendente dos seus produtos; por exemplo, quando os clientes fazem modificações no design ou no uso do produto para a qual ele não se destinava. (Ver, por exemplo, www.ThereIFixedIt.com, em que as pessoas enviam correções improvisadas de vários produtos.) Elas podem produzir um vídeo curto com um cliente enfrentando um problema negligenciado, como a dificuldade que as pessoas sentem quando a embalagem de fábrica é difícil de abrir? (Para um ótimo exemplo disso, veja o artigo de Rebecca Greenfiled no *site* da revista The Atlantic, "Google Doesn't Get the Importance of Gadget Packaging.")
- Encontre maneiras de ajudar os seus *outros* funcionários a se conectarem com os clientes, não apenas uma vez, mas regularmente. Você poderia, por exemplo, convidar um ou dois clientes para participar de algumas reuniões internas.
- Encontre outras maneiras de trazer os clientes regularmente para dentro da empresa. Uma empresa com a qual trabalhamos organizava vários eventos para os clientes em seus escritórios. Faça algo do gênero.

Seus clientes finais claramente são um grupo importante, mas essa abordagem também funciona com as outras partes interessadas. Se você comandar uma função interna de serviço como a pfizerWorks de Jordan Cohen, seus "clientes" podem ser os funcionários da sua própria empresa, por exemplo, o pessoal em campo ou até mesmo os funcionários do escritório ao lado. Se você lida com relações *business-to-business*, talvez precise passar mais tempo com seus fornecedores ou com outros parceiros. Como abordamos mais adiante neste capítulo, às vezes você pode descobrir novas fontes de receita procurando fora do mercado existente e conectando o seu pessoal a mundos novos e não relacionados.

2. Conectar os Funcionários aos Seus Colegas

Alguns anos atrás, a unidade Neoresins da multinacional de ciências DSM teve um problema com um de seus produtos experimentais, um novo tipo de adesivo ecologicamente correto conhecido como E-850. Esse adesivo era utilizado para colar finas camadas de maneira, criando placas laminadas para superfícies de mesas e itens similares. O problema era que, quando um verniz ou laca era aplicado posteriormente, o laminado começava a esgarçar as bordas.

Depois de dois anos de tentativa e erro para solucionar o problema internamente, três funcionários da DSM, Steven Zwerink, Erik Pras e Theo Verweerden, decidiram realizar um experimento: eles criaram uma apresentação no PowerPoint descrevendo o problema, prometeram um prêmio em dinheiro de 10.000 euros para a pessoa que conseguisse solucioná-lo e depois foram a público com a apresentação de slides, compartilhando-a através de várias mídias sociais. Em poucas semanas cinco pessoas diferentes forneceram informações que, quando combinadas, solucionaram o problema para a DSM, permitindo a introdução do E-850 no mercado. (Os cinco colaboradores dividiram igualmente o prêmio em dinheiro.)

Grupos de Discussão: Bons ou Ruins?

Alguns especialistas em inovação não defendem os grupos de discussão; Scott Anthony da Innosight, por exemplo, simplesmente aconselha as pessoas a "evitarem os grupos de discussão como se fosse uma peste". Outros os consideram ferramentas úteis, conforme o indicado pelo estudo de Cooper e Edgett.

Somos propensos a concordar com os detratores do grupo de discussão. Estes, particularmente se forem conduzidos por entrevistadores treinados, podem ser úteis para identificar alguns dos problemas mais óbvios enfrentados pelos clientes, bem como para proporcionar algumas ideias a respeito da retórica utilizada pelas pessoas em relação aos seus produtos. No entanto, eles também lhe trazem uma grande quantidade de informações *ruins* e não se trata das pessoas estarem mentindo. O mais fascinante é que esses estudos do comportamento humano têm demonstrado que, frequentemente, as pessoas simplesmente *não têm consciência* dos motivos reais para suas ações, e ainda que lhes seja perguntado elas vão criar uma razão (e acreditar nela). Um exemplo relevante é o poder da arquitetura que defendemos neste livro. Inúmeros estudos demonstraram que as pessoas são altamente influenciadas pelo contexto, mas, quando perguntadas, elas quase sempre negam que o contexto no qual estão inseridas influenciou as suas ações. Os métodos observacionais, embora um pouco mais inconvenientes para organizar, vão lhe dizer como as pessoas *realmente* se comportam, o que pode ser impressionantemente diferente de como elas dizem se comportar.

A trajetória global da história do E-850 é similar à de muitas outras histórias de sucesso provenientes do movimento rumo à inovação aberta: se você divulgar o seu problema para o mundo, pode encontrar alguém lá fora que já o tenha solucionado ou que possa pelo menos fornecer uma peça-chave do quebra-cabeça. Entretanto, no contexto de encontrar ideias, o que torna a história da DSM particularmente interessante é o capricho que ela proporcionou à narrativa. Conforme a equipe descobriu, das cinco pessoas que ajudaram a solucionar o problema, *três já haviam trabalhado na DSM*. Durante dois anos, as pessoas na unidade Neoresins lutaram com um problema que alguns de seus próprios colegas poderiam tê-los ajudado a solucionar, se soubessem antes do problema.

Construção de Espaços Criativos Internos

Como mostra a história da DSM, o comportamento fundamental de conectar os funcionários com outros mundos não se trata apenas de alcançar o lado de fora da empresa. Para encontrar ideias úteis, às vezes é suficiente você conectar os seus funcionários aos seus próprios colegas.

O poder das conexões internas pode ser um ótimo ponto de partida para os líderes criarem uma arquitetura de ideias. Afinal de contas, pode ser muito menos complicado conectar os seus funcionários com seus colegas do que com o mundo exterior e também existem menos questões problemáticas em relação à propriedade intelectual. A seguir, compartilhamos alguns exemplos de como você pode trabalhar para conectar as pessoas internamente.

Uso dos Espaços Físicos

Se você procura fomentar mais conexões entre os seus funcionários, o ponto de partida óbvio é a arquitetura *real* do local de trabalho: a construção física, as divisórias internas. A realocação dos banheiros promovida por Steve Jobs, descrita no Capítulo 1, é um exemplo memorável, mas outros efeitos de fertilização interna similares podem ser alcançados de maneira mais modesta. Às vezes, atitudes simples como mudar o lugar da máquina de café, criar um espaço de fuga com um sofá macio em um amplo corredor ou agrupar as impressoras do escritório em um único local podem fazer com que as pessoas de vários departamentos interajam. Ou então, pense como você poderia promover mais interação nos pontos de encontro existentes, como as áreas para fumantes. Enquanto os membros da sua tribo local de fumantes vão para a rua em busca de uma nova tragada, você consegue descobrir maneiras de prover a sua interação?

Se resolver experimentar mudando as coisas de lugar no escritório, temos duas advertências a fazer. Primeiro, tome cuidado ao fazer mudanças universais ou de difícil reversão no local de trabalho. Após a adoção inicial e entusiasmada do movimento de escritório aberto que flagelou o cenário empresarial nos anos 1990, ficou claro que o conceito nem sempre cumpria suas promessas e às vezes criava tipos de problemas totalmente novos. Antes de fazer mudanças significativas no *layout* do escritório, leia o artigo de Anne-Laure Fayard e John Weeks, "Who Moved My Cube?" no qual eles detalham como os locais de trabalho abertos devem proporcionar um "desencadeamento de permissão" para a interação e também atingir um equilíbrio entre proximidade e privacidade.

Segundo, mesmo com pequenos ajustes no seu local de trabalho, certifique-se de explicar aos funcionários por que você está fazendo isso, ou ainda melhor, *peça aos funcionários* para descobrirem maneiras de fazê--lo. A remoção aleatória de um bebedouro muito frequentado sem uma palavra sequer de explicação é uma ótima maneira de fazer com que os funcionários se sintam como cobaias em um regime totalitário. Assim como em muitas (mas, não todas) as iniciativas dessa natureza, o envolvimento dos funcionários é preferível em relação à tomada autocrática de decisões. (Para obter uma discussão dos espaços criativos virtuais em vez de físicos, ver o quadro "Caixas de Sugestões Online: Elas Funcionam?")

Caixas de Sugestões Online: Elas Funcionam?

Uma ferramenta de inovação popular atualmente é a introdução de plataformas de gestão de ideias baseadas na Internet. Em seu nível mais básico, as plataformas de gestão de ideias são versões online da clássica caixa de sugestões, proporcionando aos funcionários uma maneira fácil de enviar de qualquer lugar suas ideias para a empresa. A maioria delas oferece outras características como a votação dos colegas, fóruns de discussão e congêneres.

CONECTAR

Recomendamos cautela antes de implementar soluções como essa. Temos visto vários exemplos de empresas que se beneficiaram muito com elas, mas com igual frequência temos verificado gestores bastante decepcionados com a falta de resultados. Até hoje, os dados disponíveis sobre esses tipos de soluções também sugerem que uma parcela significativa dos usuários não está satisfeita com o seu desempenho.

Em nossa opinião, existem duas armadilhas em particular. A primeira é indicada pelo professor da London Business School, Julian Birkinshaw, em seu livro *Reinventing Management:* as ferramentas de software podem ser ótimas para *coletar* ideias, mas em geral elas tendem a ser plataformas deficientes para a posterior *colaboração* em cima dessas ideias, que normalmente é a fase em que a maior parte do trabalho precisa acontecer. A segunda armadilha é uma extensão dessa ideia, compartilhada por Mark Turrel, ex-CEO da empresa de concepção de ideias Imaginatik. O problema é que a plataforma de software em si, embora pareça agradável e atraente, é apenas parte da solução. Para que o sistema inteiro funcione também é preciso criar na empresa novas rotinas, processos e sistemas de incentivo em torno da plataforma de software. Se isso não for feito, tudo o que se conseguirá é acrescentar outro projeto de TI à empresa – certamente não é o que o médico teria prescrito para todo mundo.*

*Dito isso, esse campo ainda está nos primórdios tumultuados e achamos que provavelmente veremos versões muito melhores dessas ferramentas no futuro, já que a atual explosão cambriana de soluções de software acaba se consolidando em um cenário mais estável de soluções viáveis e comprovadas. Em particular, acreditamos que as plataformas online que se destinam a conectar as pessoas e a divulgar os problemas ou questões são bastante promissoras. Se você estiver procurando um experimento de gestão para executar, experimentar uma dessas ferramentas pode levar a alguma aprendizagem interessante, se não for preciso garantir resultados de curto prazo.

Traga Pessoas de Fora para a Equipe

Equipes novas não são formadas todos os dias, mas quando o são é uma excelente oportunidade para obter novas percepções do ecossistema local. Quando Jordan Cohen criou a pfizerWorks, ele sabia que precisava da ajuda de alguém que trabalhasse em campo para conseguir fazer o serviço funcionar como deveria. Então, quando teve a chance de trazer outra pessoa a bordo, ele não escolheu alguém de dentro, ou seja, um colega local do escritório de Nova York. Em vez disso, partiu para a contratação de Tanya Carr-Waldron, uma profissional de campo sênior com vinte e cinco anos de experiência lidando com a linha de frente da empresa. Além da credibilidade e da rede de contatos que Carr-Waldron trouxe para o projeto, ela desempenhou um papel crucial na obtenção correta de todos os detalhes sobre como o serviço funcionava, algo que Cohen teria sido incapaz de fazer por conta própria.

Marc Granger fez algo parecido em uma escala menor. Enquanto ele trabalhava com sua equipe de gestão, discutindo como conduzir a inovação na NutroFoods Bélgica, ele inclui deliberadamente seu assistente pessoal nas reuniões, o que proporcionou à equipe uma perspectiva em primeira mão de como os funcionários se sentiam em relação à empresa. Talvez tivesse sido mais simples e conveniente manter apenas a equipe de gestão nas reuniões – alguns líderes se sentem desconfortáveis com o envolvimento dos funcionários nas conversas sobre gestão – mas isso também teria lhes roubado parte do conhecimento crucial sobre a empresa. Como um líder, tente fazer com que os seus funcionários incluam alguém com uma perspectiva diferente quando a nova equipe de projeto for formada.

Torne as Suas Reuniões Mais Interdisciplinares

Uma das ferramentas de criatividade mais subestimadas é o simples ato de realizar reuniões interdisciplinares. Quando uma empresa na qual trabalhamos criava novas campanhas para seus produtos, o departamento de marketing começava por conta própria e depois convidava outros departamentos para participarem do processo quando era chegado o momento de executar as campanhas. Consequentemente, acabavam aderindo a soluções bastante tradicionais e não tão eficazes. Mas, tudo isso mudou quando o departamento começou a envolver mais pessoas precocemente.

Com a nova abordagem, ela convidava as pessoas dos demais departamentos para participarem desde o início do processo, integrando-as na fase de detecção de problemas. Consequentemente, a empresa começou a criar e executar algumas campanhas de marketing inovadoras e altamente bem-sucedidas.

Com certeza, esses benefícios não chegam sem algum investimento de tempo e esforço. Convidar outras pessoas precocemente para o processo significava que as reuniões seriam mais longas e os profissionais de marketing tinham de passar mais tempo explicando as coisas para o pessoal de fora que os colegas do mesmo departamento davam como certas. O custo do maior envolvimento é mais tempo gasto em coordenação e comunicação; e as reuniões mais demoradas nunca são apreciadas. Mas os resultados podem valer a pena, tornando essa iniciativa uma boa candidata para a experimentação (se você ainda não estiver fazendo isso).

Simplificando: Almoços com Desconhecidos

Se a sua empresa for como a maioria dos outros locais de trabalho, a maneira que as pessoas se comportam na hora do almoço é extremamente previsível. Depois que as pessoas se abastecem de *penne al arrabiata*, um inacreditável e poderoso empuxo gravitacional as leva a se sentar e conversar com as pessoas *que já conhecem*, muitas vezes exatamente na mesma mesa onde se sentaram ontem. Existe apenas uma força da natureza mais poderosa que esse trator social do refeitório; é a força que dita que em um ônibus você jamais se senta perto de um desconhecido se houver dois assentos livres em outro lugar.

Uma empresa francesa com a qual trabalhamos resolveu mudar esse hábito. A empresa abrigava várias subdivisões no mesmo prédio e os gestores dessas divisões tinham apenas uma reunião por mês para coordenar, resultando em que ninguém realmente sabia o que acontecia nas outras partes da empresa. Então, em uma reunião, o líder apresentou uma ideia simples: um dia por semana as pessoas da equipe almoçariam em dupla com cada um dos outros membros da equipe. Para não invadir o tempo de intervalo da sua equipe com assuntos de trabalho, o almoço não tinha que ser profissional: não havia agenda, então eles podiam conversar sobre o que quisessem. A ideia funcionou bem e a prática logo se espalhou, com os gerentes de departamento estabelecendo um sistema similar para seus funcionários.

Não vamos afirmar que essa prática mudou a empresa; até onde sabemos as pessoas não trouxeram ideias que revolucionassem a indústria enquanto consumiam seus *escargots* e *baguetes*. O verdadeiro motivo para compartilharmos essa história é apontar que *a solução não precisa ser complexa*. Algumas dicas neste capítulo podem parecer, à primeira vista, trabalhosas demais, mas se forem, tente redimensionar a ideia em um nível que pareça exequível. Quase sempre é possível descobrir maneiras de conectar as pessoas com seus colegas.

3. Conectar as Pessoas a Mundos Novos e Dissociados

Os colegas e os clientes atuais são fontes de novas ideias importantes e acessíveis, mas não são as únicas. Algumas vezes, para obter ideias mais interessantes, é preciso ajudar as pessoas a procurarem as peças do quebra-cabeça em mundos *dissociados*, lugares que não tenham qualquer importância óbvia para a sua empresa. Fazendo com que as pessoas se conectem regularmente a mundos novos e dissociados, você consegue ajudá-las a aumentar o seu estoque pessoal de peças do quebra-cabeça, tornando mais provável que alguém venha a ter uma percepção original e crie valor. Em algumas situações, como a observação de Sadow quanto ao carrinho com rodas no aeroporto de Porto Rico, uma informação aleatória vinda do exterior pode ajudar as pessoas a pensarem de modo diferente sobre seus próprios produtos e serviços. Em outras situações, elas vão descobrir que têm as *soluções* para os problemas das outras pessoas, soluções essas que poderiam ser transformadas em um novo serviço, transformando os não clientes em novos clientes.

Steffen Kragh, CEO e presidente do grande grupo nórdico de mídia, o Egmont, compartilhou um exemplo ilustrando a segunda situação. A

TV 2, uma importante subsidiária norueguesa de radiodifusão do grupo Egmont, tinha uma pequena unidade que previa o tempo; ela funcionava como um centro de custos que permitia aos canais de televisão do grupo Egmont emitirem relatórios meteorológicos precisos. No entanto, fazendo uma varredura no mundo externo e procurando novas oportunidades, as pessoas que trabalham na unidade descobriram que havia alguém ali que estava disposto a pagar pelos seus serviços, especialmente o setor nórdico de energia hidrelétrica e a indústria petrolífera, para os quais os dados meteorológicos locais precisos tinham um valor significativo. Com base nessa descoberta, a unidade de previsão do tempo se tornou uma empresa independente com fins lucrativos, a StormGeo, fundada pela TV 2 e pelo meteorologista chefe e apresentador de TV Siri Kalvig. Hoje, a empresa presta serviços em nível mundial a setores como de petróleo e gás, energia renovável, transporte marítimo, mídia e aviação. De modo similar, conectando os funcionários ao mundo exterior você os capacita a descobrir novas oportunidades e a converter os não clientes em clientes.

Seguem aqui algumas maneiras de ajudar os seus funcionários a se conectarem com o mundo exterior:

- **Uso das mídias sociais.** A internet oferece intermináveis fileiras de janelas para novos mundos. Os *sites* como o www.ted.com oferecem vídeos curtos com uma série de pessoas e ideias interessantes, ideais para serem vistos durante a ida/volta do trabalho. A comunidade MIX (sigla de Management Innovation eXchange) iniciada por Gary Hamel e Polly LaBarre, contém centenas de histórias ótimas sobre as inovações das empresas. Blogues como o www.InnovationExcellence.com, mantido por Braden Kelly, Rowan Gibson e Julie Anixter, oferecem doses frequentes de ideias novas. O Twitter e outros serviços similares fornecem inspiração instantânea. Você consegue que o seu pessoal utilize esses dispositivos?
- **Crie o hábito de apontar tendências.** Como parte integrante das suas reuniões semanais, faça com que uma pessoa realize uma apresentação de um slide, com dois minutos no máximo, sobre

uma nova tendência ou ideia que ela encontrou. Faça um rodízio dessa tarefa para que todos busquem ideias no lado de fora.

- **Utilize livros e artigos.** Em nossos cursos de MBA na IESE, pedimos a cada aluno para ler um livro (diferente) durante o curso e escrever um resumo curto das ideias principais. Considere a possibilidade de fazer algo similar, pedindo às pessoas para selecionarem livros ou artigos sobre setores diferentes do seu.
- **Contrate estagiários interessantes.** Quando fizer contratações para posições comuns, é provável que seus critérios de contratação enfatizem o conhecimento do setor, por boas razões. Mas a contratação de estagiários pode lhe permitir mais experimentação. Em uma empresa na qual trabalhamos, um estagiário se especializou em mídias sociais, então a liderança pediu ao estagiário para fazer um tour pela empresa e realizar apresentações sobre o tema. Você pode contratar estagiários que tragam novos conhecimentos para a empresa?

Conclusão: Itens de Ação Sugeridos

Este capítulo destacou o segundo comportamento fundamental, que é o de ajudar as pessoas a *se conectarem*. Para aumentar a probabilidade dos seus funcionários virem a ter ideias de alto impacto, você pode:

- Compartilhar a história da bagagem com rodinhas (os slides estão disponíveis no nosso *site*: www.IAsUsual.com). Lembre as pessoas de procurarem ideias que utilizem tecnologia antiga para solucionar pontos negativos existentes. Pergunte qual produto ou serviço deveríamos ter inventado *três anos atrás*, mas que ninguém em nosso setor ainda inventou?
- Descubra maneiras sistemáticas para aproximar os funcionários dos clientes. Você consegue ajustar os padrões de interação atuais,

como as visitas de vendas, visando torná-los mais produtivos? Você consegue trazer os clientes para dentro da empresa?

- Faça com que as pessoas se conectem *internamente,* interagindo regularmente com os colegas de outros departamentos. Você consegue criar rotinas que fomentem a comunicação formal e informal? Consegue envolver as pessoas na criação desses hábitos, compartilhando o duplo propósito de inovar e conhecer melhor os colegas?
- Ajude as pessoas a se conectarem com o exterior como parte integrante do seu trabalho normal. Busque a oportunidade de expor os funcionários a novas ideias e ajude-os a formar novos hábitos pessoais que produzam novas ideias e inspiração todos os dias.

CAPÍTULO 4

AJUSTE

COMO AJUDAR AS PESSOAS A APERFEIÇOAREM SUAS IDEIAS

AS PRIMEIRAS IDEIAS SÃO IMPERFEITAS
Os líderes precisam fazer com que as pessoas testem, contestem
e reformulem suas ideias repetidamente

No momento da concepção, todas as ideias são perfeitas. Se já teve um momento "aha!", você conhece esse sentimento de puro e majestoso *acerto* quando as novas ideias se apresentam.

Infelizmente, esse sentimento é uma ilusão. A maioria das ideias acaba sendo ruim e, para piorar, até mesmo as *boas* ideias quase nunca são perfeitas de início. Muito pelo contrário: conforme foi demonstrado pelo trabalho de Rita McGrath, Steve Blank e outros, é provável que *a primeira versão de uma ideia venha a ser imperfeita*. Ou, como diz Scott Anthony, os inovadores precisam presumir que seus planos são parcialmente corretos *e* parcialmente errados e depois trabalhar intensamente para descobrir qual parte do plano está errada.

O problema é que, exceto se as pessoas tiverem experiência prévia com inovação, elas tendem a confiar demais na perfeição de suas ideias iniciais. Correndo o risco de simplificar demais, muitas pessoas supõem que a inovação funciona mais ou menos como o modelo exibido na Figura 4-1.

FIGURA 4-1

Modelo de inovação (simplista)

Nesse modelo, a divisão de papéis é conceitualmente simples. Sobretudo, você precisa de um gênio: alguém que traga uma ideia brilhante. Depois, precisa de alguns "executores" braçais, pessoas que sejam fortes na execução e que possam levar a ideia ao mercado sem diluir ou destruir o seu brilhantismo. Esse modelo pode funcionar para pequenos aperfeiçoamentos, mas na maioria dos casos o quadro se parece realmente com o exibido na Figura 4-2.

FIGURA 4-2

Modelo de inovação (na realidade)

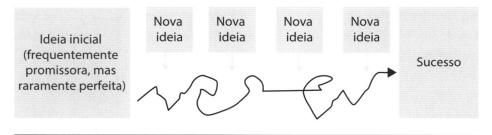

Em outras palavras, as inovações bem-sucedidas não são descobertas; elas são *elaboradas*. Uma parte desse processo de desenvolvimento (ou elaboração) é a melhoria constante do produto, serviço ou processo atual que as pessoas estão criando. Mas, de modo crítico, não é apenas a solução que tende a se desenvolver. O que também vai mudar é a *compreensão do problema ou necessidade* que as pessoas visam atingir com a sua inovação. Nos casos mais radicais, o problema e a solução vão mudar tanto ao longo do caminho que a inovação acabada não terá absolutamente nada a ver com a ideia original.

Um exemplo frequentemente citado é o do PayPal. Em 1998, quando Max Levchin e Peter Thiel começaram a trabalhar juntos, eles estavam tentando inventar um sistema de criptografia para Palm Pilots e dispositivos similares, ajudando as grandes empresas a manterem as suas comunicações internas seguras. Apenas através de um processo gradual de experimentação e aprendizagem, que se estendeu por muitos meses e várias iterações, eles finalmente identificaram o problema real e lucrativo que poderiam solucionar: o de fazer pagamentos online com segurança e facilidade.

Duas Maneiras de Ajudar as Pessoas a Aperfeiçoarem suas Ideias

Embora o PayPal seja um exemplo extremo de como uma ideia pode mudar de direção, o argumento também se aplica às inovações mais modestas: para ter êxito, os líderes precisam ajudar os seus funcionários a adotarem o terceiro comportamento fundamental, que é o de *ajustar* constantemente as ideias. Quando as pessoas trazem ideias, você tem de criar rotinas e processos que as ajudem a testá-las e a contestá-las de forma rápida e repetida.

De maneira efetiva, isso significa que você precisa conseguir que o seu pessoal faça duas coisas:

1. Reformular o problema. Faça com que o seu pessoal defina, analise e conteste sua compreensão do *problema* ou *necessidade* que estiverem abordando.
2. Teste a solução. Faça com que o seu pessoal teste e crie protótipos de suas ideias de forma rápida e repetida, fazendo experimentos realistas sempre que possível.

Os dois comportamentos não são sequenciais, mas devem acontecer em paralelo e em um processo altamente interativo. Neste capítulo, explicamos como você pode conseguir isso, começando pelo processo de reformular o problema.

1. Faça com que as Pessoas Reformulem o Problema

O trabalho de um psicólogo húngaro com o nome encantador Mihaly Csikszentmihalyi levou a uma compreensão da importância de reformular, também chamado descobrimento ou diagnóstico do problema, na ciência da criatividade. Csikszentmihalyi e seu colega Jacob Getzels ficaram curiosos com a natureza das pessoas criativas: O que diferencia os inovadores de seus colegas menos bem-sucedidos? Por que eles foram tão bons para ter ideias criativas? O que, nessas pessoas e em sua abordagem, lhes permitiu ter êxito onde as outras pessoas fracassaram? Para descobrir, Csikszentmihalyi e Getzels entrevistaram centenas de inovadores de sucesso, escolhendo-os em todas as áreas da atividade humana.

Enquanto analisavam suas descobertas, chegaram a uma conclusão surpreendente: nenhum dos participantes era particularmente qualificado para descobrir soluções para um determinado problema. O que os diferenciava era outra coisa: eles tinham capacidade para enxergar *o próprio problema* de uma maneira diferente das outras pessoas. A maioria das pessoas, quando se depara com um problema, começa imediatamente a buscar uma solução, assim como fazemos nas seções de *brainstorm*. As pessoas pesquisadas por Csikszentmihalyi e Getzels eram diferentes. Em vez disso, elas paravam e se perguntavam: Por que isso é um problema? Entendemos o problema corretamente? Existem outras formas de encarar isso? Os inovadores bem-sucedidos não são descobridores de soluções; são especialistas em *descobrir problemas*. Eles acham que as soluções são secundárias; a resposta que eles buscam reside no problema em si e uma vez que o compreenderem inteiramente a solução quase sempre será evidente.[1]

---

[1] Csikszentmihalyi e Getzels não foram os primeiros a reconhecer que a descoberta do problema era importante para a criatividade, mas foram os primeiros a demonstrar que ela se aplicava ao mundo dos negócios. Getzels costuma receber o crédito pela primeira evidência empírica oriunda do mundo artístico; ver Mihaly Csikszentmihalyi e Jacob Getzels, "The Personality of Young Artists: An Empirical and Theoretical Exploration," *British Journal of Psychology* 64, nº 1 (fevereiro de 1973). Antes disso, vários outros escreveram sobre o fenômeno, remontando ao início do século XX com o livro de John Dewey, *How We Think* (Lexington, MA: D. C. Health Company, 1910). Para uma visão global acadêmica da pesquisa sobre descoberta de problemas, recomendamos o livro de Mark A. Runco, *Problem Finding, Problem Solving, and Creativity* (New York: Ablex Publishing Corporation, 1994).

Dois Exemplos: Flip e Dropbox

Para vermos como a compreensão que as pessoas têm do problema que solucionam é crucial para a inovação, considere os dois exemplos a seguir, sendo um de produto físico e outro de um serviço.

O primeiro exemplo é de duas filmadoras voltadas para os consumidores. Uma delas é uma filmadora clássica, nesse caso, da Canon. A outra é a Flip, uma inovação que foi lançada em 2006 por uma empresa iniciante. Ao observar os produtos nas fotografias das Figuras 4-3 e 4-4, pergunte-se: *O que cada uma das empresas presumiu a respeito do problema ou necessidade central dos seus clientes?*

FIGURA 4-3

Filmadora Clássica – Canon

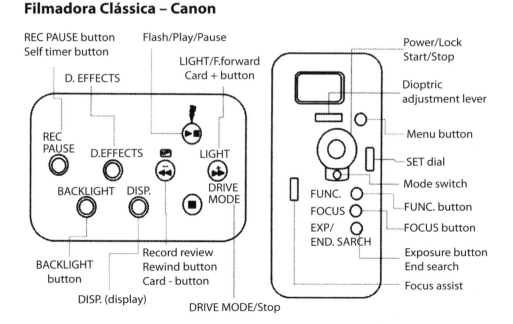

FIGURA 4-4

Filmadora inovadora – a Flip

No primeiro caso, a Canon parece ter acreditado que o maior problema do consumidor era apenas criar um vídeo de aspecto profissional, com a qualidade de imagem certa; por isso a inclusão de muitas funções e botões, presumivelmente com um manual de instruções de 30 centímetros de espessura. Nisso, a Canon adotou a mesma abordagem que a maioria dos concorrentes à época.

Os criadores da Flip, por outro lado, claramente visaram um problema muito diferente: a *falta de simplicidade* que caracterizava claramente as soluções existentes no mercado. Essa compreensão alternativa do problema do consumidor rapidamente se provou correta. Quando a Flip foi lançada, começou rapidamente a devorar o mercado de câmeras de vídeo amadoras e três anos mais tarde ela foi vendida para a Cisco por US$ 590 milhões.[2]

---

[2] A Cisco descontinuou a Flip em 2011. As explicações variam, mas presumivelmente os dois principais culpados foram (1) um mau ajuste com as competências centrais da Cisco; ela não é verdadeiramente uma empresa de produtos de consumo; e (2) a percepção de que a própria Flip seria ultrapassada em breve, já que os *smartphones* passaram a ser capazes de produzir vídeos com qualidade aceitável. Todavia, para os criadores da Flip, ela se provou uma ideia muito boa.

O segundo exemplo, o Dropbox, é um serviço de armazenamento online na *nuvem*[3] que lhe permite sincronizar arquivos por dispositivos diferentes e compartilhá-los com outras pessoas. O serviço foi lançado em 2007 e rapidamente se transformou em uma história de sucesso. Em 2011, o Dropbox havia alcançado receitas anuais na casa de US$240 milhões e tinha sido mencionado entre as cinco mais valiosas *start-ups*, junto com o Facebook e o Twitter. No entanto, o Dropbox estava longe de ser o primeiro serviço que permitia às pessoas sincronizar e compartilhar arquivos; quando foi lançado, havia muitas ofertas semelhantes no mercado. Então, a questão é: por que um retardatário como o Dropbox se tornou tão popular? Quando um usuário anônimo divulgou a pergunta no *site* de perguntas e respostas (Q&A, do inglês *Query & Answer*) chamado Quora, um dos usuários desse *site*, Michael Wolfe, CEO da Pipewise, forneceu uma resposta perfeita (veja o quadro "Por que o Dropbox é mais Popular do que os Outros Programas com Funcionalidade Similar?").

Por que o Dropbox é Mais Popular do que os Outros Programas com Funcionalidade Similar?

Resposta de Michael Wolfe em www.quora.com:

"Bem, vamos retroceder um pouco e pensar no problema da sincronização e em qual seria a solução ideal para ela:

- Haveria uma pasta.
- Você colocaria suas informações nessa pasta.
- Ela seria sincronizada.

---

[3] O conceito de **computação em nuvem** (em inglês, *cloud computing*) refere-se ao uso da memória e das capacidades de armazenamento e cálculo de computadores e servidores compartilhados e interligados por meio da Internet. (N. T.)

Eles fizeram isso.

Por que ninguém mais o fez? Não faço ideia.

'Mas', você pode argumentar, 'poderia fazer muito mais! Que tal o gerenciamento de tarefas, agendamento, painéis de controle personalizados, quadro de comunicações virtual. Mais do que apenas pastas e arquivos!'

Não, cale-se. As pessoas não usam essa porcaria. Elas só querem uma pasta de arquivos. Uma pasta que possa ser sincronizada.

'Mas', você pode dizer, 'são dados valiosos. Certamente os usuários se sentirão mais confortáveis sincronizando seus dados com o Windows Live, o MobileMe da Apple ou com um nome que já conheçam.'

Não, cale-se. Nenhuma pessoa no planeta acorda pela manhã preocupada em produzir mais valor a partir de sua conta no Windows Live. As pessoas já confiam nas pastas e o Dropbox se parece com uma pasta. Uma pasta que sincroniza os dados.

'Mas', você pode dizer, 'as pastas são de 1995. Por que não aproveitar todo o poder da internet? Com a HTML5 você pode arrastar e soltar arquivos, criar painéis de controle intergalácticos com estatísticas mostrando quanto espaço de armazenamento está utilizando, pode publicar seus arquivos em *RSS feeds* e *tweets* e pode acrescentar a logomarca da sua empresa!'

Não, cale-se. A maioria das pessoas não fica sentada na frente do navegador o dia inteiro. Se o fizerem, utilizam o Internet Explorer 6 no trabalho, o qual não podem atualizar. Os navegadores são horríveis para esse tipo de coisa. As informações das pessoas já estão nas pastas. Elas só querem uma pasta que sincronize.

É isso que o Dropbox faz."

A resposta de Wolfe destaca o mesmo argumento da Flip: ajustar uma ideia não se trata de aperfeiçoar a qualidade de um produto ou serviço. Igualmente importante, os inovadores precisam *contestar seus pressupostos a respeito do problema central que seus clientes estão enfrentando*. Se não o fizerem e se concentrarem exclusivamente em executar a primeira versão de suas ideias, podem acabar rapidamente no caminho errado, investindo cada vez mais esforço no aperfeiçoamento da solução que visa a um problema errado ou inexistente.

Para ter certeza de que as pessoas não cometam esse erro, você precisa criar hábitos e estruturas simples que as obriguem a se concentrar explicitamente no problema, em vez de se concentrar apenas na solução.[4] De modo efetivo, deve impedir que partam para a ação de maneira indiscriminada, assegurando que combinem métodos de tentativa e erro com o trabalho mais analítico de diagnosticar o problema central.

Reenquadramento Estruturado: Aprendendo com os Consultores

Para entender o modo de viabilizar o reenquadramento do problema, analise um grupo de empresas específico, que possui uma profunda experiência na resolução de problemas: as grandes empresas de consultoria. Empresas como a McKinsey & Company, Bain, Booz Allen Hamilton e o Boston Consulting Group construíram impérios empresariais vastos e prósperos com sua capacidade de solucionar os problemas das outras pessoas. E apesar dos sentimentos não muito amorosos que algumas pessoas tenham pelos consultores de gestão em geral, o fato é que essas empresas, quando empregadas corretamente, podem criar muito valor. O que é notável, considerando que os consultores conhecem menos o seu negócio do que você e que muitas pessoas que trabalham nisso acabaram de sair da faculdade de administração. Colocando de outra forma, se alguma vez você já se perguntou como é possível um consultor neófito de trinta e poucos anos valer o dinheiro que essas empresas cobram por hora, parte da resposta tem a ver com o reenquadramento do problema.

---

[4] Particularmente, compreender as necessidades ou problemas reais é uma vantagem competitiva, mas não é necessariamente uma fonte de vantagem competitiva *sustentável*; para isso, podem ser necessárias inovações posteriores, junto com a boa e velha eficiência. A Flip, como foi mencionado anteriormente, acabou sendo descontinuada pela Cisco e as perspectivas futuras do Dropbox também podem mudar à medida que Microsoft, Google e Apple, entre outras, desenvolvam suas soluções de computação em nuvem.

Primeiro, a McKinsey e congêneres compreendem astutamente o quão crítico é fazer o diagnóstico correto do problema. Como os ex-consultores da McKinsey Ethan M. Rasiel e Paul N. Friga descrevem em seu livro *The McKinsey Mind*:

> Todo consultor se depara com a tentação de considerar o valor nominal do diagnóstico do problema do cliente. Resista a essa tentação. Assim como um paciente nem sempre esta a par do significado dos seus sintomas, os gestores às vezes estão errados em seu diagnóstico a respeito do que aflige as suas empresas. A única maneira de determinar se o problema que lhe foi passado é o real é se aprofundar, fazer perguntas e recolher fatos. Um pouco de ceticismo no início do processo de resolução do problema pode lhe poupar muita frustração mais adiante.

Segundo, a McKinsey fez do reenquadramento (ou reformulação do contexto) uma parte central da sua arquitetura organizacional, nesse caso na forma de um processo padronizado e rigoroso, ao qual todas as soluções propostas estão sujeitas, não importando o quão bem definido o problema pareça ter sido à primeira vista. Os colegas mais antigos treinam cuidadosamente os novos consultores nesse processo de mapear um problema e identificar suas causas principais. Essa abordagem altamente disciplinada para a resolução de problemas (junto com a capacidade comprovada para ignorar suas vidas privadas) faz com que os profissionais treinados pela McKinsey sejam procurados pelas outras empresas.

Alguns Métodos Simples para o Reenquadramento

Os modelos de resolução de problemas que a McKinsey e outras empresas similares utilizam são, como um todo, bastante elaborados, e segundo a nossa experiência pode ser irreal implementá-los "sem adaptações" nos ambientes de trabalho normais. A boa notícia é que, com a aplicação de algumas regras básicas, até mesmo uma empresa de fundo de quintal mais informal pode ser tornar mais sistemática em relação ao reenquadramento.

- Primeiro, explique o que significa o reenquadramento. A maioria das pessoas não está familiarizada com o conceito de constatação de problemas. Para começar, explique a importância do método para que elas compreendam por que você utiliza essa abordagem. Em nosso *site* www.IAsUsual.com criamos alguns slides que você pode usar para transmitir a ideia básica para o seu pessoal.
- Faça com que as pessoas definam o problema por escrito. Uma das ferramentas de reenquadramento mais simples e eficientes é fazer com que as pessoas descrevam o problema por escrito, separadamente da solução. Se as pessoas em uma equipe tiverem uma compreensão diferente do problema, o que frequentemente acontece, isso o tornará óbvio. Depois que descreverem o problema, elas vão achar bem mais fácil questionar o seu enquadramento (ou contexto) atual, permitindo-lhes sondar com mais profundidade. (Veja o quadro "Reenquadramento do Problema: Exemplos de Perguntas")
- Cinco porquês. Os processos como os Cinco Porquês e a análise da causa principal podem ser ferramentas úteis para explorar e reenquadrar um problema. No entanto, lembre-se de que a questão não é exatamente descobrir uma causa principal verdadeira; em vez disso, a maioria das pessoas utiliza ferramentas para desenvolver perspectivas alternativas. Outra ferramenta, *"questorming"*, desenvolvida por Jon Roland faz com que as pessoas realizem um *brainstorm* para descobrir novas perguntas sobre o problema. O método (que às vezes é chamado de *questionstorming*) está descrito na internet.[5]
- Tarefas a serem realizadas. Formalizado por Clayton Christensen e Michael Raynor, o arcabouço das tarefas a serem realizadas é uma ferramenta analítica útil para o reenquadramento. Na linha do fa-

---

[5] Ver http://pynthan.com/vri/questorm.htm para obter uma descrição da técnica de *questorming* de Jon Roland. Entre outros lugares, o método *QuestionStorming* é mencionado no livro de Jeff Dyer, Hal Gregersen e Clayton Christensen, *The Innovator's DNA: Mastering the Five Skills of Disruptive Innovators* (Boston: Harvard Business Review Press, 2011).

moso adágio de Theodore Levitt dizendo que as pessoas não querem comprar brocas de um quarto de polegada, elas querem furos de um quarto de polegada, esse arcabouço enfatiza que as pessoas *contratam* produtos e serviços para que uma determinada tarefa seja feita (ou tarefas) e que os inovadores precisam identificar essa tarefa, incluindo seus aspectos sociais e emocionais.

- **Envolver outras pessoas.** As pessoas tendem a ter opiniões específicas sobre os problemas com base nas ferramentas que conhecem. O pessoal de comunicação enxerga problemas de comunicação, o pessoal do RH enxerga problemas de RH etc. Para evitar o pensamento especializado, faça com que o seu pessoal traga para a discussão alguém com uma perspectiva diferente e peça para *essa* pessoa contestar o enquadramento do problema.

Reenquadramento do Problema: Exemplos de Perguntas

Segue aqui uma pequena lista de perguntas que você pode fornecer ao seu pessoal para ajudá-los a reenquadrar o problema. Lembre-se de fazer com que se atenham à definição do problema; até as pessoas se acostumarem com o método, elas terão uma grande propensão a passar para as soluções. Uma boa dica é obrigá-las a usar uma superfície comum para escrever e usar essa superfície para separar visualmente a descrição do problema das soluções propostas (veja também a Figura 4-5, que vem depois).

- Qual é exatamente o problema? Descreva-o, palavra por palavra, em uma superfície comum.

- *Por que* isso é um problema?

- Realmente vale a pena solucionar o problema?

AJUSTE 103

- O problema pode ser descrito de uma maneira completamente diferente? Tente apresentar *pelo menos* 3 a 4 maneiras diversas de descrevê-lo ou interpretá-lo.

- *Para quem* isso é um problema? Para quem *não é* um problema?

- Quais são as outras partes interessadas?

- Como cada uma das partes interessadas enxerga o problema? (Pergunte a elas, se for possível.)

- Como as partes interessadas solucionam (ou convivem) atualmente o problema?

- Podemos estar errados em relação ao problema? Podemos estar olhando para um sintoma de um problema mais profundo?

- Exatamente como o problema ocorre, passo a passo? O que acontece realmente? Com o que ele se parece se o filmarmos com uma câmera de vídeo?

- Em que observações o nosso diagnóstico atual do problema se baseia? As observações estão corretas? Elas podem ser interpretadas de uma maneira diferente?

- Existem casos em que o problema não ocorre? O que há de especial nesses casos?

- Se tiverem sido tentadas quaisquer soluções no passado, por que elas fracassaram? Foi apenas uma questão de má execução ou a solução tentada abordou o problema errado?

- Se tiverem sido propostas quaisquer soluções novas, o que elas pressupõem a respeito do problema? Existe alguma evidência de que esses pressupostos sejam verdadeiros?

Reenquadramento em Ação

Se os seus funcionários não estiverem familiarizados com os métodos orientados em função dos problemas, o reenquadramento pode parecer apenas um exercício acadêmico: agradável em retrospectiva, mas pouco útil quando eles estiverem no meio de uma luta ferrenha com uma nova ideia. Essa percepção está errada. Segundo a nossa experiência, o reenquadramento é menos intuitivo do que a experimentação e exige algum esforço das pessoas para realmente compreenderem o método. Mas, depois que conseguirem, o método pode se transformar em uma ferramenta de inovação que poupa tempo.

Para ter um exemplo básico de como usar o reenquadramento na prática, considere a história a seguir. Todo ano, quando ministramos nosso curso de MBA na IESE Business School, pedimos aos nossos alunos para executarem um projeto de inovação real, voltado para melhorar alguma coisa em relação à própria faculdade. Alguns anos atrás, uma das equipes apresentou uma ideia simples: uma campanha de conscientização para fazer com que as pessoas utilizassem menos papel, especificamente imprimindo em ambos os lados da folha em vez de em um lado só. No entanto, antes de começarem a planejar a campanha, fornecemos a elas algumas instruções simples: primeiro, descreva qual é o problema. *Por que* as pessoas não imprimem nos dois lados do papel? Depois, passe vinte minutos tentando reenquadrar e contestar o problema, trazendo maneiras alternativas de encará-lo.

À medida que os membros da equipe seguiram as nossas instruções, eles perceberam rapidamente que a sua primeira opinião sobre o problema – a falta de consciência – não era um bom enquadramento. Eles chegaram a essa percepção pensando a respeito do seu próprio comportamento: embora os membros da equipe fossem fortemente envolvidos na proteção ao meio ambiente, *todos* eles eram culpados por imprimirem em apenas um lado do papel. Uma campanha de conscientização não ajudaria, pois *o problema real não estava associado à conscientização*. O problema era que quando as pessoas imprimiam algo na faculdade elas quase sempre estavam *ocupadas*, correndo para cumprir algum prazo. Desse modo, as pessoas simplesmente utilizavam a configuração padrão da impressora, que definia a impressão em um único lado. Depois que a verdadeira natureza do problema ficou clara, a solução ficou evidente: a configuração padrão de todas as impressoras foi alterada para impressão nos dois lados do papel, alcançando imediatamente uma redução drástica e duradoura no uso de papel. A Figura 4-5 traz alguns exemplos (incompletos) de como o problema da impressora poderia ser enquadrado, junto com os tipos de soluções que cada enquadramento do problema sugere.

Criando rotinas simples em torno do reenquadramento, parecidas com o método que utilizamos com nossos alunos do MBA, frequentemente as pessoas farão incursões significativas em suas ideias *antes* de fazerem qualquer esforço na execução. Esse é o verdadeiro poder do método: fazer com que as pessoas parem e pensem antes de passar para a ação e evitar que tomem o caminho errado, perseguindo uma solução que é um beco sem saída.

No entanto, nem todos os problemas cederão à analise com tanta facilidade quanto a impressão em um lado só. Conforme abordaremos na próxima seção, geralmente o reenquadramento precisa ser combinado com alguma outra coisa para que seja eficaz: a experimentação rápida no mundo real.

FIGURA 4-5

Observação: A maioria das pessoas imprime apenas em um lado do papel

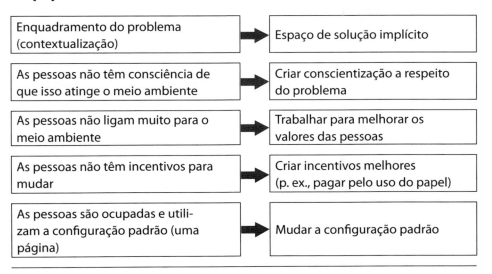

2. Faça com que as Pessoas Testem a Solução: Enfrentar a Realidade

Certa vez, em uma noite clara e agradável em Barcelona, estávamos conversando com um investidor em um evento profissional para empreendedores, quando um jovem aluno de MBA entrou na conversa. O aluno declarou que havia passado os últimos dois anos escrevendo o plano de negócios *perfeito* para um novo empreendimento; ele perguntou se o investidor poderia, talvez, examiná-lo. A primeira pergunta do investidor de risco foi: "Você testou sua ideia nos possíveis clientes?". O aluno de MBA respondeu que não achava necessário. Afinal, ele precisava capturar apenas 2% do mercado para atingir o ponto de equilíbrio (*break even*) e tinha sido suficientemente cuidadoso para fazer corretamente as projeções financeiras. Nesse ponto, previsivelmente, a parte produtiva da conversa terminou.

Assim como um pouco de análise pode evitar que as pessoas façam investimentos imponderados, a verdade é que para aprender mais sobre uma nova ideia nada supera os experimentos no mundo real. Conforme demonstrou o nosso encontro casual com o aluno de MBA, existem certos tipos de pessoas que adoram *malabarismos*. Se tiverem meia chance, elas vão passar um longo tempo burilando suas ideias, de preferência em isolamento completo. Elas não vão testar suas ideias no mundo real porque *odeiam* visceralmente a noção de mostrar ou testar algo que ainda não está pronto.

Infelizmente, isso é uma maneira infalível de desperdiçar muito tempo e esforço. Ao trabalhar em novas ideias, os inovadores não devem tratar os testes como uma ferramenta de avaliação aplicada no final do processo. Em vez disso, devem usar os testes e experimentações como ferramentas de *aprendizagem*, permitindo que ajustem suas ideias antes de terem investido esforço demais nelas. Assim, na posição de líder, você precisa estimular as pessoas a testar e compartilhar suas ideias *antes* de ficarem prontas para o horário nobre. Todas as ideias devem ser expostas à realidade, cedo ou tarde. Em vez de deixar as ideias ganharem impulso durante anos e *depois* atingirem um objeto imóvel, assegure que as pessoas exponham suas ideias à realidade, o maior número de vezes e o mais cedo possível. Dois hábitos de ajuste fundamentais vão ajudar o seu pessoal a fazer isso: a prototipagem rápida e o *feedback* frequente.

Prehype: Prototipagem Rápida em Ação

A prototipagem rápida agora é uma prática padrão dos inovadores, particularmente entre os proponentes da chamada *abordagem de design*. Popularizada pela influente empresa de design de produtos IDEO, a ideia central da prototipagem é construir uma maquete física, no estilo McGiver, do seu produto utilizando fita adesiva e quaisquer materiais disponíveis e depois ir colocando esse protótipo no mundo real para começar a aprender sobre a ideia.

A empresa de inovação Prehype sediada em Nova York, com a qual trabalhamos, utiliza intensamente a prototipagem. Um misto de incubadora de *start-ups* e assessora para desenvolvimento de novos produtos para grandes empresas, a Prehype trabalhou com empresas como a Coca--Cola, Intel, Kaplan e Verizon, ajudando-as na busca por novas ideias. O traço mais marcante da Prehype é a sua oferta principal: ela ajuda os clientes a criarem novas *start-ups* em poucos meses, utilizando os próprios funcionários e as ideias do cliente. O que a Prehype acrescenta a essa composição são as estruturas, processos e sistemas de apoio necessários para inovar rapidamente e com êxito, incluindo a forte ênfase na prototipagem.[6] Como explica o seu sócio fundador Henrik Werdelin:

> Muitos dos nossos clientes visam ao desenvolvimento de novos serviços online e, se você deixar, eles terão discussões intermináveis sobre valor agregado, vantagem competitiva, pontos de venda exclusivos etc. Então, para ajudá-los a chegar ao cerne de suas ideias,

---

[6] De maneira efetiva, a Prehype vende arquitetura de inovação como um serviço. Seu modelo de negócio está descrito em nosso estudo de caso "Prehype: Empreendedorismo como um serviço", disponível na IESE Publishing. A empresa e seus fundadores também foram mencionados na *Fast Company, The Next Web* e vários outros meios.

muitas vezes fazemos com que criem um site fictício explicando o que eles fazem. Quando você obriga as pessoas a explicarem o que significa o slogan em seu site, utilizando sete palavras ou menos – é aí que a conversa começa a ficar real. A prototipagem obriga os inovadores a serem mais claros sobre o que é o seu produto – e no momento em que você tem um protótipo é possível exibir o seu potencial para os clientes e parceiros, começando a avançar.

A construção de *sites* fictícios é apenas uma forma de prototipagem das ideias. Como demonstraram a IDEO e outras empresas, depois que se torna criativo, há poucas ideias para as quais você não consiga encontrar um teste rápido e barato. A história do E-850, que compartilhamos no capítulo anterior, também é um bom exemplo. Quando a equipe da DSM resolveu experimentar a inovação aberta, ela não adquiriu um novo e pomposo sistema de TI; tudo o que fez foi criar uma apresentação em PowerPoint e disponibilizá-la online. De modo similar, como as pessoas podem testar e criar protótipos de suas ideias? Você pode ajudá-las a criar experimentos simples e de baixo risco, não só para ajudá-las a aprender, mas também para evitar que mais tarde cometam erros caros?[7] (Veja o quadro: "Implementação do Engradado da Cerveja Carlsberg")

Seja Crítico: Além da Falácia do Bem-Estar

Além da prototipagem e de outras formas de testes realistas, uma segunda e importante ferramenta é expor as ideias das pessoas às opiniões frequentes e às críticas. Embora a crítica possa ter um nome ruim, a pesquisa sobre ideação demonstrou que ela é crucial: as equipes instruídas a evitar as críticas vão se *sentir* melhor a respeito de suas ideias, mas também vão ter ideias piores em comparação com as equipes instruídas para serem críticas.

---

[7] Uma boa leitura sobre experimentação é o livro de Peter Sims, *Little Bets: How Breakthtrough Ideas Emerge from Small Discoveries* (New York: Free Press, 2011), que fornece muitos exemplos de como as empresas obtiveram grandes inovações por meio do uso deliberado de testes pequenos e baratos.

Implementação do Engradado da Cerveja Carlsberg

Alguns anos atrás, a grande cervejaria Carlsberg resolveu reformular a garrafa e o engradado de um dos seus produtos populares, a cerveja Carlsberg Pilsner. Voltado para o mercado dinamarquês, o novo design modernizaria a marca, conferindo-lhe um aspecto mais revigorado e atual, e também alinharia o envasamento local com o design que a empresa utilizava em outros países.

No entanto, quando a Carlsberg lançou o novo design, ela foi pega de surpresa por um problema trivial: espaço de armazenamento. Nos bares e casas noturnas por todo o país, os proprietários tinham construído espaços de armazenamento adaptados para os engradados da cerveja Carlsberg, de modo que os garçons tivessem acesso facilitado à popular cerveja. Infelizmente, *os novos engradados da cerveja não se adequavam a esse espaço* e como ninguém havia feito a prototipagem do novo design do engradado nesse contexto, a Carlsberg só percebeu o erro *após* o lançamento nacional.

Combinado com outros fatores, o problema no armazenamento provocou a queda nas vendas como um trago de tequila de má qualidade e em poucos meses as vendas unitárias da Carlsberg Pilsner haviam caído 25%. A Carlsberg acabou abortando o novo design, reintroduziu a antiga garrafa e o engradado, e elegantemente confessou o fracasso oferecendo aos seus clientes um *kvajebajer* grátis, uma expressão idiomática dinamarquesa cuja melhor tradução seria "estragamos a cerveja". O lançamento fracassado é uma lenda dentro da empresa e até hoje os funcionários da Carlsberg usam o termo "implementação do engradado de cerveja" quando alguém esquece de confrontar as ideias com a realidade antes de lançá-las.

Para alguns, essa sugestão é contraditória. Quando você trabalha com inovação, pode encontrar pessoas que proponham o que chamamos *falácia do bem-estar*. Em seu ponto mais extremo, essa falácia dita que a inovação precisa ser o tempo todo uma experiência divertida, positiva e geralmente uma afirmação de vida; a diversão e os jogos têm um lugar de destaque, enquanto a crítica e a confrontação são consideradas inibidoras da criatividade. Isso é particularmente popular nas empresas que encaram a inovação como algo que deve energizar as pessoas implicitamente, pois o trabalho normal das pessoas não faz isso.

A tentação de evitar emoções negativas é superficialmente atraente, mas definitivamente insistente. A realidade é que a inovação pode ser pessoalmente recompensadora de muitas maneiras, mas uma jornada de bem-estar que dure o dia inteiro não é. Muito pelo contrário, cada projeto de inovação bem-sucedido com o qual nos envolvemos se caracterizou não só pela diversão, mas também pela crítica, confrontação, frustração, além das ocasionais batalhas verbais. Esses aspectos do processo não são agradáveis, e você pode trabalhar para *aperfeiçoá-los*, mas é um grande erro evitá-los completamente. O importante é descobrir maneiras de permitir a crítica durante o processo, não como um ponto de interrupção, mas como uma das várias ferramentas que podem ajudar a aperfeiçoar as ideias.

Criando uma Crítica Útil: A Abordagem da Pixar

Para testemunhar um exemplo de utilização estruturada do *feedback* para ajustar as ideias, considere a Pixar, uma empresa cuja capacidade quase imaculada para produzir sucessos de bilheteria transformou-a na queridinha de Hollywood e dos especialistas em inovação.

Conforme descreveu Ed Catmull, presidente da Pixar, em um artigo esclarecedor sobre as rotinas de trabalho da empresa, um dos segredos do seu sucesso é a sua política de criar um ambiente onde as pessoas recebem opiniões honestas umas das outras. Um exemplo são os chamados "encontros diários", um processo de análise pelo qual todo mundo mostra no que está trabalhando a cada dia, independentemente do quão refinado seja.

Utilizando essa função de imposição, a Pixar evita que o seu pessoal invista tempo e esforço em algo que não esteja seguindo na direção certa.[8]

No entanto, o *feedback* regular não é o bastante. Uma das principais filosofias da Pixar a respeito da arquitetura da escolha se revela no "Brain Trust", um grupo de pessoas reunidas para fornecer *feedback* quando o diretor de um filme precisa de ajuda. O elemento crítico do *Brain Trust*, segundo Catmull, é que *não* se trata de um processo democrático. Muito pelo contrário, a Pixar deixa muito claro que o diretor está no comando. Catmull explica:

> Após uma sessão, fica a cargo do diretor do filme e de sua equipe decidirem o que fazer com os conselhos; não existem notas obrigatórias e o *brain trust* não tem autoridade. Essa dinâmica é crucial. Ela libera os membros do grupo para que possam fornecer suas opiniões especializadas francamente e libera o diretor para buscar ajuda e considerar plenamente o conselho. Levamos um tempo para aprender isso. Quando tentamos exportar o modelo do *brain trust* para a nossa área técnica, achamos, à primeira vista, que não funcionava. No fim das contas, percebi a causa: Concedemos a esses outros grupos de análise alguma autoridade. Logo que dissemos: "Trata-se apenas de colegas dando opiniões uns para os outros", a dinâmica mudou e a eficácia das sessões de análise melhorou radicalmente.

Pela nossa experiência, a abordagem da Pixar é a chave para tornar a crítica útil. Primeiro, transforme em um evento regular (se não for necessariamente diário) as pessoas compartilharem suas ideias inacabadas, de modo que o ato de dar e receber opiniões se torne uma ocorrência

---

[8] A opinião frequente tem outro benefício. Conforme demonstrou a pesquisa de Teresa Amabile e Steven Kramer, a sensação diária de progredir proveniente dessas análises pode ser altamente motivadora por si, não importando o quão pequenos sejam os avanços. Ver o seu livro *The Progress Principle: Using Small Wins to Ignite Joy, Engagement, and Creativity at Work* (Boston: Harvard Business Review Press, 2011), para saber mais a respeito.

tranquila, em vez de um drama raro e altamente arriscado. Segundo, no maior grau possível, você deve conferir às pessoas a *propriedade* sobre suas ideias e deixar claro para todos que o processo de *feedback* não se trata de tomar decisões conjuntas, mas sim de ajudar a liderança a tomar decisões mais acertadas. Henrik Werdelin, da Prehype, descreve os perigos de tentar ajustar as ideias democraticamente: "Constatamos que ser *coerente* na criação de um novo produto é mais importante do que a qualidade de cada decisão individual. Se tentar otimizar cada pequena decisão que faz parte da moldagem de um novo produto ou serviço, você acaba com um produto que aponta para oito direções diferentes e que não anima ninguém. É muito melhor ter uma visão unificada conduzindo todas as decisões e depois usar a experimentação e a prototipagem para corrigir pequenos erros à medida que avançar." (Ver o quadro "Certifique-se de que os Seus Testes Sejam Reais")

Certifique-se de que os Seus Testes Sejam Reais

Em janeiro de 2009, a Tropicana resolveu repaginar a sua conhecida linha de sucos, a Tropicana Pure Premium. Entre outras mudanças, ela decidiu abolir a icônica imagem da laranja com um canudo, optando, em vez disso, por um design que muitas pessoas acharam parecido com um produto de marca própria de uma loja.

A reação do mercado ao novo design não foi exatamente favorável, para dizer o mínimo. Imediatamente após o lançamento, em um mercado estável, as vendas unitárias da nova linha da Tropicana caíram 20% em um intervalo de um mês e meio. Consequentemente, a empresa trouxe de volta o velho design em fevereiro de 2009, provavelmente fazendo dessa a mais rápida reversão de design de embalagem da história moderna.

Devido a esse resultado, é tentador achar que a Tropicana não testou o seu novo design antes do lançamento. No entanto, não foi isso que aconteceu. Desde o catastrófico lançamento da New Coke realizado pela Coca-Cola, a indústria de refrigerantes não tem sido propensa a fazer grandes relançamentos antes de testar e de acordo com a PepsiCo, empresa-mãe da Tropicana, ela testou o design com os consumidores antes do lançamento.

A PepsiCo não forneceu os detalhes do processo de testes, então infelizmente não conhecemos a história toda. No entanto, provavelmente é seguro afirmar que se o seu teste não prevê uma queda imediata de 20% nas vendas, é melhor dar uma segunda olhada no processo de teste e perguntar se ele realmente testa a ideia tão bem quanto deveria. Como um arquiteto da inovação, certifique-se de que os testes sejam reais e que não existam apenas para as pessoas "escolherem as opções" das perguntas do teste.

O risco das pessoas relaxarem nos testes também é maior se você não testar regularmente durante todo o processo. No momento em que tratar o teste não como uma ferramenta de desenvolvimento, mas apenas como um evento do tipo "ou vai ou racha" no final do processo, você aumenta o risco de as pessoas manipularem o processo ou involuntariamente influenciarem o teste para obterem os resultados que desejam.

Enquadrar ou Testar: O que Priorizar?

Neste capítulo, abordamos duas maneiras de fazer com que as pessoas ajustem suas ideias, que são o reenquadramento do problema e o teste da solução. Os dois métodos devem ser utilizados intercaladamente, de modo que o ajuste simultâneo do problema e a solução do mesmo possam alimentar um ao outro.

Dependendo da natureza da ideia, as pessoas podem querer atribuir mais peso a um ou a outro. Por exemplo, se a ideia se prestar à prototipagem barata e segura, então pode ser inteiramente conveniente focar em um processo de tentativa e erro. Por outro lado, alguns tipos de inovação são menos tolerantes a golpes cegos no escuro. Se você estiver lidando com o tipo de ideia em que o teste é difícil ou arriscado, ou onde as alterações são difíceis de reverter, então talvez faça sentido as pessoas reenquadrarem profundamente o problema antes de começarem a executar

qualquer coisa. Como gostamos de dizer: a famosa abordagem preparar-
-apontar-fogo funciona com menos eficácia se você tiver apenas um tiro
para acertar.

Conclusão: Itens de Ação Sugeridos

- Estimule as pessoas a testarem suas ideias no mundo real, o mais
  cedo possível, utilizando protótipos, maquetes e experimentos baratos. Faça dos protótipos físicos, e não das apresentações em PowerPoint, o centro da discussão nas reuniões.
- Crie mecanismos simples ou funções de imposição que garantam
  que os testes aconteçam adequadamente; por exemplo, crie uma regra em que as pessoas não conseguem obter mais financiamento
  até conseguirem exibir um vídeo com seus testes.
- Utilize o arcabouço de tarefas a serem realizadas para revelar todos
  os aspectos importantes das necessidades do consumidor.
- Faça com que as pessoas reenquadrem o problema de maneira sistemática. Crie ferramentas e processos simples que auxiliem no
  reenquadramento, como formulários que façam a distinção entre
  problemas e soluções.
- Estabeleça uma rotina para as pessoas compartilharem as ideias
  inacabadas em caráter permanente, tornando isso um evento de
  baixa tensão em vez de um final dramático. Por exemplo, incorpore
  a sessão de compartilhamento de ideias em uma prática existente,
  como as reuniões semanais de andamento dos projetos. Permita a
  crítica, mas deixe claro que o *feedback* é apenas isso; a pessoa detentora de uma determinada ideia não é obrigada a incorporar o
  feedback, mas apenas a ouvi-lo.

CAPÍTULO 5

SELECIONAR

COMO TRANSFORMAR AS PESSOAS EM *GATEKEEPERS* MAIS EFICIENTES

A MAIOR PARTE DAS IDEIAS É RUIM
Os líderes precisam ajudar os *gatekeepers* a avaliar subjetivamente e filtrar melhor as ideias novas

Johann Klein, um professor de medicina e futuro inovador, estava no negócio de gestão hospitalar e aos 34 anos de idade ele se tornou muito bom no seu trabalho. Na verdade, ele era tão bom no que fazia que em 1822, apesar da sua relativa pouca idade, foi indicado para o posto de diretor de hospital, presidindo mais de duas maternidades do *Wien Allgemeine Krankenhaus* – o Hospital Geral de Viena, Áustria. Quando assumiu, Klein lançou uma série de melhorias audaciosas, que acabariam sendo copiadas pelos hospitais do mundo inteiro, conferindo-lhe uma reputação de inovador de primeira linha em medicina. Nas duas décadas que se seguiram, sob a direção eficiente de Klein, o Hospital Geral de Viena se tornou uma das principais instituições médicas do mundo, atraindo médicos jovens e talentosos de todos os lugares.

No entanto, hoje as contribuições de Klein estão praticamente esquecidas e se ele for mencionado não é como um inovador, mas como um *anticorpo* de inovação. Isso por que em 1847 um jovem imigrante húngaro chamado Ignaz Fülop Semmelweis, que integrava a equipe de Klein, teve algumas ideias incomuns. Na época, uma doença misteriosa chamada febre puerperal ceifava todos os dias as vidas das novas mães na maternidade, algumas vezes matando também seus recém-nascidos. Ninguém sabia a causa da doença; o consenso geral da comunidade médica era que a febre puerperal era basicamente inevitável e, portanto, não valia a pena ser estudada.

Semmelweis pensava de maneira diferente. Ele observou que uma das duas maternidades no hospital tinha uma taxa de mortalidade muito maior do que a outra e pela realização de experimentos meticulosos ele conseguiu identificar o problema. A maternidade que não foi atingida pela febre puerperal era frequentada apenas por enfermeiras, enquanto a outra maternidade – tão letal que as mulheres grávidas imploravam aos médicos para não serem enviadas para lá – também era frequentada por alunos de medicina do sexo masculino, que frequentemente vinham da dissecação de corpos para examinar as pacientes. Por meio do seu trabalho, Semmelweis se tornou a primeira pessoa a descobrir a existência dos germes portadores de doença. Implantando um regime rigoroso de lavagem das mãos com uma solução de cal, Semmelweis erradicou da maternidade, sozinho, a doença puerperal, praticamente do dia para a noite.

Seleção das Ideias: Quando os *Gatekeepers* Tomam uma Decisão Ruim

Infelizmente, esse não foi o final da história. Se as grandes ideias precisassem apenas ser *descobertas* para serem úteis, a história de Semmelweis teria sido feliz. Porém, para serem amplamente aplicadas, as ideias também precisam ser reconhecidas pelas outras pessoas, e não apenas pelo inventor. Foi aí que Johann Klein ganhou seu legado duvidoso como pai de todos os anticorpos da inovação, pois ele rejeitou sumariamente a ideia de Semmelweis. Apesar de ter sido apresentado aos dados que Semmelweis havia reunido cuidadosamente, Klein se recusou a implantar a lavagem das mãos no resto do hospital. Quando chegou a época de renovação do contrato de Semmelweis, Klein resolveu se livrar dele, dando o seu emprego para um médico mais jovem e menos problemático, Carl Braun. Logo depois de assumir, Braun publicou, recebendo muitos elogios acadêmicos, um artigo científico no qual apresentava não menos que trinta causas diferentes da febre puerperal, incluindo calafrios, má alimentação e o próprio estado de gestação. A explanação de Semmelweis – contato com material cadavérico – era a de número vinte e oito na lista. Ela permaneceu nessa posição até 1867, quando um artigo publicado pelo médico inglês Joseph Lister estabeleceu de maneira conclusiva a importância dos antissépticos, inaugurando uma nova era na medicina e restabelecendo o legado de Semmelweis, tão rapidamente quanto destruiu o legado de Klein. Mas, para muitas pessoas, o reconhecimento veio tarde demais.

Anticorpos Melhores: A Importância da Boa Atuação do *Gatekeeper*

Se você compareceu a uma ou duas conferências de inovação, provavelmente ouviu especulações desejosas a respeito de como as coisas seriam melhores "se pudéssemos apenas nos livrar de todos os anticorpos de inovação na empresa". Se você for um jovem ativista que teve uma de suas ideias suprimida, naturalmente essa é uma ideia atraente.[1]

Mas a metáfora do anticorpo é estranhamente adequada, pois é uma *boa* coisa ter anticorpos, não uma coisa ruim. A ampla maioria das ideias é ruim e assim como o sistema imune humano nos mantém saudáveis atacando os germes estranhos, os *gatekeepers* da empresa têm a função muito importante de exterminar as ideias ruins antes que elas consigam invadir a empresa. É verdade que os *gatekeepers* internos às vezes matam

---

[1] O que nos lembra a prescrição imortal de Shakespeare para uma sociedade melhor, de sua peça *Henrique VI:* "A primeira coisa que devemos fazer: acabar com todos os advogados".

boas ideias por maus motivos, como aconteceu com a ideia de Semmel-weis. Porém, a maneira de enfrentar esse desafio não é remover os anti-corpos, mas se concentrar em torná-los *melhores*.

Neste capítulo, nos concentramos em como é possível melhorar a atuação dos *gatekeepers* no que diz respeito ao quarto comportamento fundamental, o de *selecionar* as ideias. Utilizamos o termo *gatekeeping* para distingui-lo da avaliação das ideias, que acontece *dentro* da equipe de inovação. Os inovadores avaliam e descartam ideias constantemen-te enquanto trabalham na execução de um novo projeto, e grande parte do nosso aconselhamento neste livro – fazer com que as pessoas tenham foco, ajudar a conectá-las com os clientes e fazer com que testem as ideias – realmente são maneiras de proporcionar aos seus funcionários mais conhecimento para que possam tomar boas decisões *por contra própria* sobre onde e como investir seus recursos limitados.

Mais cedo ou mais tarde, porém, as ideias precisam ser avaliadas pelas pessoas que *não* estão envolvidas diretamente no processo de sua aplica-ção, ou seja, pessoas que atuam como *gatekeepers*. Como um arquiteto da inovação, sua tarefa é criar um ambiente onde esses *gatekeepers* – pes-soas como Johann Klein no nosso exemplo – vão tomar boas decisões a respeito das ideias que borbulham na empresa, apoiando as ideias boas e descartando impiedosamente as ruins.[2]

Quatro Maneiras de Aperfeiçoar a Seleção das Ideias

Felizmente, a comunidade de P&D deu muita atenção ao desafio de filtrar as ideias. Grande parte do aconselhamento que damos aqui é proveniente

---

[2] Particularmente, os *gatekeepers* não precisam fazer parte de qualquer junta de revi-são formal; na sua empresa, quem quer que faça parte da avaliação das novas ideias regularmente trabalha de maneira efetiva como *gatekeeper*, seja reconhecido formal-mente como tal ou não. O conselho que damos aqui se aplica igualmente se você tiver um processo formal, ou se a sua atividade de *gatekeeper* acontecer de maneira informal, como parte natural do fluxo de trabalho.

da pesquisa sobre desenvolvimento de novos produtos, na qual pessoas como Robert G. Cooper e outros ajudaram os gestores de P&D a criarem sistemas melhores para a avaliação das ideias, muitas vezes na forma de processos *por etapas*. O desafio dos arquitetos da inovação é aplicar esse conhecimento na gestão diária, pois é aí que as pessoas costumam abordar mais desordenadamente a tarefa de avaliar novas ideias. Em um estudo global de 2011, por exemplo, Jay Jamrog do Institute for Corporate Productivity constatou que 44,9% dos participantes não tinham *nenhum* tipo de abordagem sistemática para filtrar ideias.[3]

Neste capítulo, apresentamos quatro estratégias para aperfeiçoar os *gatekeepers* da sua empresa na tomada de decisão relativa às ideias:

1. Gerir o ambiente de decisão.
2. Determinar quem são os melhores juízes.
3. Repensar os critérios de avaliação.
4. Calibrar o processo regularmente.

1. Gerir o Ambiente de Decisão, não as Decisões Individuais

Conforme afirmamos nos capítulos anteriores, quando você tenta ajudar as pessoas a inovarem, a chave não é mudar quem elas são, mas mudar o ambiente no qual elas trabalham, criando as condições para o comportamento inovador. Isso também se aplica aos *gatekeepers*. Quando tentar melhorar a capacidade das pessoas para filtrarem ideias, a primeira coisa que você deve examinar é o ambiente decisório dos *gatekeepers*: o processo global e o contexto são adequados para a tarefa? Para exemplificar, compartilhamos a experiência de um arquiteto da inovação em ação, mostrando como ele trabalha para melhorar a tomada de decisão na sua empresa.

---

[3] Jay Jamrog, *Innovate or Perish: Building a Culture of Innovation*, Institute for Corporate Productivity, 2011. Um levantamento mais antigo feito pelo mesmo autor constatou que em 2005 o número era 48%, perfazendo uma modesta melhoria de 3% em seis anos.

Um Arquiteto da Inovação em Ação: David Rimer na Index Ventures

Se você estiver à procura de profissionais experientes na arte de filtragem de ideias, converse com os capitalistas de risco (VCs, de *Venture Capitalists*). Como investidores nos estágios iniciais das *start-ups*, os VCs investem um tempo enorme avaliando ideias de negócios e uma parte significativa do seu sucesso depende de sua capacidade para escolher algumas ideias com potencial de sucesso a partir de um vasto rio de projetos submetidos. A maioria dos VCs analisa e rejeita centenas de planos de negócio para cada um no qual decidem investir.

A empresa de capital de risco Index Ventures, sediada em Genebra, tem sido particularmente boa nesse "esporte". Fundada em 1996, a Index Ventures investiu na fase inicial do Skype e em outros grandes sucessos, e em termos de desempenho financeiro, a empresa de quarenta e cinco funcionários geralmente está incluída nos 10% das principais empresas de capital de risco dos Estados Unidos. Algumas de suas apostas mais bem-sucedidas proporcionaram à Index (a aos seus financiadores) um retorno de até 40 vezes a quantia investida. Dentre seus investimentos mais recentes estão *start-ups* que soarão familiares aos conhecedores criativos: Flipboard, Path, SoundCloud, MOO, BetFair, LoveFilm, Dropbox e até mesmo a Moleskine, a empresa que provou que você pode transformar um produto supremo como os cadernos de papel em um campeão de vendas de alto custo.

Um dos segredos por trás do sucesso da Index é a abordagem altamente metódica que ela adota para *conceber o ambiente decisório* em torno do processo de avaliação, personificada no trabalho de David Rimer, o sócio operacional da empresa e o verdadeiro arquiteto da inovação. Na sua empresa de capital de risco, todos os sócios tendem a ser negociadores, enquanto os não sócios basicamente preenchem os papéis operacionais. Mas, como nos disse Rimer, quando ele e seus sócios formaram a Index, eles adotaram uma abordagem diferente: "Acreditamos que as operações são críticas demais para serem tratadas como um mero espetáculo secundário para a negociação, então assumi o papel de sócio operacional para me certificar de que elas recebam o foco necessário. Como parte disso, constantemente projeto, ajusto e avalio a maneira como tomamos decisões para como eu e meus sócios tenhamos as maiores chances possíveis de tomar boas decisões subjetivas".

Um exemplo é a chamada decisão de *sair*, significando a decisão do VC de vender ou não a sua participação em um investimento atual. Se, por exemplo, uma *start-up* promissora da qual a Index possui ações abrir o seu capital, Rimer e seus sócios têm de avaliar o potencial dessa *start-up*: essa empresa chegou ao ponto máximo que podemos suportar? Dada a oferta em mãos, deveríamos sair do investimento agora? Ou acreditamos que podemos obter um preço maior se segurarmos um pouco mais as nossas ações? Segurar o investimento pode ser a diferença entre dobrar o seu investimento e multiplicá-lo por cinco – ou pode ser a diferença entre duplicá-lo e *cortá-lo pela metade*, caso a *start-up* tropece posteriormente.

Quando Rimer examinou o histórico da Index, ele observou uma tendência clara: a Index tendia a sair dos seus investimentos *tarde demais*. Diversas vezes a Index tinha segurado a abertura de capital, recusado ótimas ofertas pelas ações de uma empresa ou, em certos casos, se opôs às fusões e aquisições de suas empresas, apenas para ver o valor do investimento cair posteriormente. Isso acontece com todas as empresas de capital de risco, mas no caso da Index havia ocorrências demais e não um monte de casos de saídas prematuras. Enquanto Rimer examinava isso, ele identificou o problema:

> A dificuldade estava relacionada com o processo de tomada de decisão. Para cada empresa na qual investíamos, um em cada quatro sócios se transformava em sócio "principal" – geralmente o que descobriu a empresa – e normalmente essa pessoa tinha a palavra final em todas as questões relacionadas ao investimento. Isso tende a funcionar bem, pois o sócio principal é o que mais entende do negócio. Mas, quando se tratava da decisão de sair, descobri que os sócios principais eram demasiadamente otimistas. Tendo descoberto a ideia e promovido a equipe ao sucesso, eles tendiam a se apaixonar pela empresa – e, consequentemente, a achar que o futuro

potencial era maior do que o justificável através de uma análise objetiva dos fatos.

Criação da Arquitetura de Filtragem das Ideias

Para melhorar a qualidade das decisões subjetivas, Rimer começou a contestar o processo das decisões de saída:

> Tentei abordagens diferentes e nem todas elas funcionaram. Por exemplo, fizemos uma tentativa de trazer pessoas de fora para fazer parte do processo de votação, convocando pessoas nas quais confiávamos e que não faziam parte da Index. Mas isso não funcionou; entre outras coisas, as pessoas de fora não têm muita coisa em jogo, o que polarizava suas decisões de uma maneira ruim. Então, paramos com isso e tentamos outra saída até encontrarmos um bom modelo. Hoje, temos uma comissão dedicada e envolvida em todas as saídas de negócio – e embora o sócio principal esteja envolvido com a equipe, ele tem apenas um voto minoritário.

A lição da história de Rimer não é sobre as particularidades de como a Index concebe o seu ambiente decisório; para a sua empresa, a melhor maneira de fazê-lo pode ser diferente. Em vez disso, a história de Rimer destaca a abordagem geral que os arquitetos da inovação devem adotar, analisando, ajustando e melhorando o processo de avaliação e filtragem de ideias.

- Estude a função de avaliação e filtragem de ideias na sua empresa. Ela descarta um número excessivo ou muito pequeno de ideias? Os *gatekeepers* são propensos a promover ideias de risco excessivamente baixo (ou risco excessivamente alto)?
- Analise como as outras unidades de negócio (ou concorrentes) tratam a filtragem de ideias. Existem outras unidades na sua empresa que fazem um bom trabalho? O que tem de diferente em suas abordagens?

SELECIONAR

123

- Tente fazer mudanças no processo de avaliação e filtragem das ideias. Por exemplo, você consegue manter paralelamente dois processos de avaliação e filtragem diferentes, experimentando para ver se uma abordagem alternativa poderia funcionar melhor?

Há poucos limites para o tempo de ajuste que você pode fazer para conceber um ambiente decisório melhor e alguns deles podem ser surpreendentes. Por exemplo, algumas vezes faz sentido *ocultar* dos *gatekeepers* uma parte do processo. A pesquisa de Claudia Goldin e Cecilia Rouse fornece um exemplo memorável, já que demonstrou que as orquestras de música clássica sofriam de um preconceito com relação à contratação de músicos do sexo feminino. Simplificando, os testes eram realizados por homens que acreditavam, abertamente ou não, que as mulheres eram simplesmente profissionais inferiores, resultando no fato de algumas das orquestras terem apenas uma ou duas mulheres em seus quadros. No entanto, quando as orquestras fizeram uma mudança simples no processo de teste, a contratação de mulheres aumentou: as orquestras colocaram uma tela e acarpetaram os pisos, então os juízes não conseguiam ver o sexo do músico ou adivinhá-lo a partir do barulho dos saltos altos nos pisos de madeira.

De modo similar, as empresas também podem se beneficiar do impedimento seletivo dos seus *gatekeepers*. Por exemplo, a partir de sua experiência coordenando sistemas de gestão de ideias em várias empresas, o ex-CEO da Imaginatik, Mark Turrel, constatou que as ideias anônimas tinham três vezes mais chance de produzir resultados, em comparação com as ideias não anônimas. O anonimato permite que as pessoas enviem ideias boas, mas politicamente conscientes, e isso também impede que os *gatekeepers* descartem ideias boas provenientes de pessoas das quais não gostem, como Klein fez no caso de Semmelweis. Quais mudanças *você* poderia fazer na arquitetura da filtragem de ideias? (Veja o quadro "Mantenha um Canal Separado para as Ideias Inovadoras")

Mantenha um Canal Separado para as Ideias Inovadoras

A abordagem que descrevemos visa principalmente à criação do que Clay Christense chama inovações *sustentáveis*, ou seja, ideias que ajudam a sustentar e cultivar o negócio atual, ao contrário da inovação disruptiva, que tende a reconfigurar ou até mesmo destruir o modo de funcionamento das indústrias. Em relação à avaliação e filtragem de ideias (*gatekeeping*), o problema com essas ideias inovadoras é que elas tendem a perturbar não só o mercado, mas também o modo de operação interno e isso cria uma propensão para os *gatekeepers* internos descartarem as ideias ou transformá-las em mais incrementais.

Uma maneira muito comum de lidar com essa questão é manter canais separados para os dois tipos de ideias, dando às ideias mais disruptivas uma chance de contornar os *gatekeepers* locais comuns e sua propensão (legítima) para ideias menos disruptivas. Isso significa que, como um arquiteto da inovação, você precisa descobrir se a sua empresa tem um canal ou saída de emergência desse tipo para as ideias disruptivas e se o seu pessoal sabe que ela existe. Caso você não tenha um canal para as ideias disruptivas, pode ser muito simples criar um. Em muitas empresas isso é uma prática aceita pelas pessoas com ideias inovadoras enviar um e-mail diretamente para o CEO.[4] Embora possa estar fora da sua alçada executar uma ideia inovadora dentro da sua unidade de negócio, você pode pelo menos se certificar de que ela sobreviva para ser avaliada pelas instâncias superiores.

---

[4] Casualmente, essa abordagem de baixa tecnologia é uma solução que antecede o e-mail. Em seu livro *Winning Trough Innovation*, Michael Tushman e Charles O'Reilly descrevem como em 1898 a marinha dos Estados Unidos implementou uma tecnologia nova e superior apenas porque um jovem oficial, após exaurir outros canais, enviou sua ideia diretamente para o presidente dos Estados Unidos Theodore Roosevelt.

2. Determinar Quem São os Melhores Juízes

Um elemento crucial de qualquer processo de seleção é: *quem* faz a filtragem? A composição dos *gatekeepers* tende a afetar a qualidade e a natureza do resultado tanto quanto os procedimentos que eles seguem. Em um levantamento de larga escala publicado em 2011, os pesquisadores do Institute for Corporate Productivity examinaram como as diferentes empresas abordam o processo de filtragem de ideias (ver Tabela 5-1).

Como esclareceu o levantamento, não existe uma abordagem dominante para a filtragem de ideias, a menos que você não conte com uma política como abordagem deliberada. O fator principal para determinar quem devem ser os juízes é estar atento às várias tendências de *posicionamento* que as pessoas trazem à mesa. Por exemplo, se considerar as abordagens à luz da história de Semmelweis, você verá que os vários tipos de *gatekeepers* trarão fatores positivos e negativos para o processo.

TABELA 5-1

Métodos mais populares para avaliar ideias

Métodos mais populares para avaliar ideias	Todos os respondentes
Não existe uma política padrão para examinar e avaliar as ideias	44,9%
Existem várias maneiras diferentes pelas quais uma nova ideia pode ser examinada e avaliada	27,4%
Dentro da empresa, existe um processo independente para examinar e avaliar as ideias	8,7%
As ideias são analisadas e avaliadas pelo gestor da unidade no local em que a ideia foi proposta	7,2%
O funcionário é responsável por iniciar e gerir o processo de análise	5,2%
As ideias são examinadas e avaliadas pela unidade que seria mais afetada pela ideia	4,8%
Outros	1,8%

Fonte: Baseado em Jay Jamrog, *Innovate or Perish: Building a Culture of Innovation* (Institute for Corporate Productivity, 2011).

INOVAÇÃO COMO ROTINA

O chefe direto. Fazer com que o superior imediato avalie as suas ideias traz a grande vantagem de ser conveniente e fácil de fazer; nas empresas que não possuem uma política para filtrar ideias, provavelmente esse é o padrão de fato. Porém, os gestores diretos podem ser tendenciosos de várias maneiras. No caso de Klein, se a ideia de Semmelweis fosse verdadeira ela lançaria uma luz ruim sobre Klein, pois a prática de permitir que os estudantes de medicina dissecassem corpos era uma das próprias inovações de Klein e um pilar importante do seu sucesso. Possivelmente Klein não conseguiria prever as consequências da sua própria inovação, mas ela ainda poderia ter destruído a sua reputação, tornando mais provável que Klein ficasse negativamente predisposto contra a ideia de Semmelweis, inconscientemente e talvez também conscientemente. Além disso, a pesquisa de Tanya Menon e Jeffrey Pfeffer sugere que, como indivíduos, os gestores frequentemente são propensos a se contrapor às ideias internas, entre outras razões porque a aprendizagem com o seu próprio pessoal confere menos status aos gestores, em comparação com a obtenção de novas ideias fora da empresa.

A unidade afetada. Deixar a parte afetada julgar a ideia faz sentido intuitivamente, mas também traz o risco de ter uma boa ideia descartada pelo fato de ir contra os incentivos locais. No caso de Semmelweis, muitos outros médicos na sua maternidade resistiram à prática da lavagem das mãos, menos por motivos teóricos do que pela pura inconveniência de terem de lavar constantemente suas mãos com solução de cal. (Mesmo hoje, a lavagem das mãos continua a ser uma atividade impopular entre os médicos e a taxa de infecção por germes transmitidos pelos funcionários do hospital é significativa.)

Esses incentivos locais não se tratam apenas de conveniência; eles podem ser inteiramente uma maneira lógica na qual a empresa funciona. Na empresa de bebidas alcoólicas Diageo, por exemplo, os gestores da marca de vodka Smirnoff resistiram à introdução da Smirnoff Ice, um produto misto que ameaçava canibalizar as vendas da Smirnoff pura (e, assim, reduzir os seus bônus pessoais). Se a Diageo tivesse deixado seus gestores determinarem o destino da Smirnoff Ice, provavelmente ela não teria visto a luz do dia, muito menos a escuridão crepuscular dos bares e casas noturnas. A empresa introduziu o produto de qualquer maneira e acabou criando uma nova e bem-sucedida categoria no mercado de bebidas, de difícil penetração.

Uma análise independente. Uma comissão de análise independente é capaz de julgar uma ideia com mais objetividade: supondo que a comissão seja composta de várias pessoas com experiências diferentes, a influência das tendências individuais ou posicionais é mitigada. No entanto, às vezes você precisa de subjetividade, ou seja, conhecimento do domínio relevante em primeira mão. As comissões de análise independentes muitas vezes carecem de imersão pessoal e do conhecimento em primeira mão do domínio que a ideia envolve, tornando-as mais propensas a tomar decisões ruins ou mal informadas ou a favorecer ideias ambiciosas, porém inviáveis, em detrimento das ideias menos ambiciosas, porém mais exequíveis. No caso de Klein, Semmelweis escreveu cartas para vários médicos europeus de renome, descrevendo a sua ideia, mas como esses médicos, ao contrário de Klein, não podiam ver o trabalho de Semmelweis em primeira mão, eles tinham poucas informações para basear sua decisão, além da má reputação de Semmelweis.[5]

Conseguir a Combinação Certa

Como esses exemplos destacam, raramente existe uma resposta certa na decisão sobre quem julga as novas ideias; cada parte trará preconceitos

---

[5] O problema com a ideia de Semmelweis foi que ela ia contra a teoria médica reinante à época, que propunha que as doenças eram provocadas por miasmas do corpo e por desequilíbrios dos quatro humores corporais. Portanto, é provável que a única maneira de um desses especialistas vir a ser convencido era testemunhar diretamente o efeito da lavagem das mãos.

diferentes para a situação. Todavia, alguns conselhos podem melhorar o processo de avaliação e filtragem de ideias:

- **Envolver várias pessoas com diferentes tendências.** Uma maneira simples de melhorar as várias tendências é se certificar de que mais de uma pessoa julgue as ideias, circulando-as amplamente antes de serem julgadas. Isso não significa necessariamente que você deva tornar o processo democrático; não há nada errado em ter uma única pessoa tomando as decisões, contanto que essa pessoa não o faça isoladamente, mas sim que seja informada das outras opiniões. Mesmo que uma boa ideia seja descartada dessa maneira, a circulação possibilita que as pessoas em outras áreas deem prosseguimento à ideia.
- **Tente usar tomadores de decisão alternativos.** Os gestores nem sempre são os melhores tomadores de decisão. Você pode tentar fazer com que outros grupos decidam ou pelo menos lhes conferir uma influência no processo? O Google, por exemplo, dá muita importância a quantos colegas um programador consegue recrutar para trabalhar em uma ideia e também envolve o público através da sua iniciativa Google Labs, deixando o mercado testar algumas de suas ideias. O Kickstarter, um *site* que ajuda as pessoas com ideias a encontrarem investidores, utiliza unicamente o *crowdfunding*[6] para determinar quais ideias apoiar. Você consegue testar o seu processo de avaliação e filtragem de ideias para determinar se ele deveria ser terceirizado de maneira parcial ou integral?
- **Faça com que os *gatekeepers* experimentem a ideia em primeira mão.** Algumas ideias não são bem apresentadas em um slide de PowerPoint e correm o risco de serem descartadas se avaliadores independentes, que não possuam experiência com o domínio relevante, as julgarem. Uma solução parcial é deixar os *gatekeepers*

---

[6] **Crowdfunding** é uma plataforma de financiamento coletivo ou colaborativo, em que qualquer um pode realizar investimentos financeiros para que os projetos ganhem vida.

SELECIONAR

experimentarem a ideia pessoalmente, em vez de apenas avaliá-la com base em uma apresentação. Conforme discutimos no Capítulo 6, que trata do *stealthstorming*, existem muitas maneiras de criar uma demonstração ou protótipo de uma nova ideia. Se transformar essa "imersão" no teste da ideia em uma parte padrão do processo de avaliação e filtragem, você diminui o risco do processo descartar ideias boas, mas difíceis de serem transmitidas no papel.[7]

3. Repensar os Critérios de Avaliação

Quando analisar os *critérios* que os *gatekeepers* utilizam para avaliar ideias, um arquiteto da inovação primeiro deve perguntar: os critérios se adéquam aos objetivos estratégicos globais da empresa? Os *gatekeepers* podem estar empregando critérios que, na verdade, não estão alinhados com o que a empresa está tentando alcançar.

Os Critérios Estão Alinhados com a Estratégia?

Há muito tempo, a General Motors é considerada um dos faróis mais luminosos e brilhantes da indústria norte-americana. Em um artigo do *New York Times* de 2008, a jornalista Micheline Maynard descreveu como, ao longo das últimas décadas, a General Motors propôs várias ideias novas e potencialmente inovadoras muito antes de seus concorrentes as considerarem. Nos anos de 1980, a GM vislumbrou o potencial dos carros compactos, um mercado que estava apenas começando a emergir, e investiu dinheiro no desenvolvimento de protótipos desses carros sob a marca Saturn. Nos anos 1990, muito à frente dos seus concorrentes, os funcionários da GM inventaram o carro elétrico EV1, um precursor dos carros híbridos que hoje estão no mercado. Nenhuma dessas potenciais ideias

---

[7] Eric von Hippel chama isso de "fundamento arraigado" – ou seja, o conhecimento que é difícil de transmitir para as outras pessoas, especialmente para as que não estão na mesma situação ou localização física. Ver o artigo de Eric von Hippel "'Sticky Information' and the Locus of Problem Solving: Implications for Innovation," *Mamnagement Science* 40, no. 4 (abril de 1994).

inovadoras chegou ao mercado, pois, frequentemente quando chegava o momento de se curvar às ideias inovadoras e conduzi-las ao mercado, os *gatekeepers* dentro da General Motors optavam por descartá-las.

O motivo? As pessoas encarregadas das decisões sobre investimentos estavam totalmente focadas nos resultados de curto prazo e sistematicamente priorizavam os projetos que trouxessem dinheiro de maneira rápida e previsível. Isso significava que as ideias mais radicais – que quase sempre têm prazos de investimento mais longos e são muito mais difíceis de avaliar – eram sistematicamente descartadas em favor das ideias menores como, por exemplo, introduzir um novo modelo de carro com uma nova cor ou um novo recurso.

O resultado não vai surpreender os alunos de história da inovação: a firme recusa em financiar a inovação no longo prazo significava que a GM era repetidamente superada pelos concorrentes mais visionários. Quando o mercado de minivans cresceu nos anos de 1980, a maior parte das vendas adveio para a Chrysler, apesar da ideia de uma minivan ter circulado dentro da General Motors por mais de uma década. No início dos anos 1990, quando o mercado de SUVs emergiu, foram a Ford e a Chrysler que os lançaram, com a GM levando mais cinco anos para entrar no mercado. E quanto aos carros híbridos, talvez o exemplo mais poderoso do problema de filtragem da GM, a Toyota trouxe para o mercado americano em 2000 o seu modelo híbrido Prius, e desde então vendeu mais de 2,5 milhões de unidades. A General Motors – que vinha fazendo experimentos com a tecnologia híbrida desde os anos de 1970 – só lançou o seu modelo hibrido, o Volt, em 2010, ou seja, uma década depois da Toyota.

Existem Critérios Demais?

Os processos de avaliação, assim como os cogumelos e bigodes, podem crescer indiscriminadamente se você não acompanhá-los. Quando os *gatekeepers* começarem a criar suas listas de verificação, muitas vezes eles se orgulham de serem abrangentes e se certificam de terem abordado todos os ângulos possíveis. No entanto, embora o fato de ter poucos critérios possa invalidar o processo, também há o perigo de ter *critérios em demasia*.

Em uma empresa alemã, assistimos a uma apresentação em que o executivo encarregado da inovação explicou como funcionava o sistema de filtragem. Ele precisou de várias dúzias de slides no PowerPoint para explicar o sistema, um processo elaborado no qual as ideias eram classificadas por meio de um grande número de critérios aplicados em diferentes fases e por vários *gatekeepers*. Os executivos que assistiram à apresentação conosco não questionaram isso; pelo contrário, eles expressaram sua aprovação da perfeição do sistema. Na realidade, o sistema funcionava bem no sentido de que ele protegia a empresa dos erros tolos; qualquer ideia que passasse pelo filtro certamente era uma aposta segura. Na verdade, ele funcionava tão bem que, quando pedíamos aos gestores, nenhum deles conseguia mencionar um exemplo de erro que houvesse passado pelo processo de análise. O problema, naturalmente, era que as ideias aprovadas certamente também eram 100% incrementais, pois os únicos tipos de ideias com classificação elevada por meio dos muitos critérios eram as mais óbvias. As ideias mais radicais tinham uma classificação muito baixa nos muitos critérios em que a resposta era desconhecida, duvidosa ou abaixo de algum valor mínimo.

De modo similar, você deve perguntar aos *gatekeepers* se os critérios poderiam se beneficiar de uma redução para os fatores essenciais. Existem fatores que podem ser removidos? Existem fatores demais? Eles são fáceis de compreender e aplicar?

4. Calibrar o Processo Regularmente

Além de considerar tendências e critérios de seleção, é importante considerar os incentivos dos *gatekeepers* no próprio processo de avaliação e filtragem das ideias. Por exemplo, uma gestora que conhecemos era responsável por administrar o canal de ideias da empresa, recolhendo sugestões dos funcionários e levando as boas sugestões ao próximo nível. Nesse caso, seu chefe avaliava o desempenho da equipe com base em um critério-chave: a porcentagem de ideias recebidas que eram executadas. A gestora nos disse que estava lutando por um modo de executar mais ideias, de modo que ela pudesse atingir a sua meta de levar pelo menos 5% das ideias recebidas para o próximo nível.

Naturalmente, essa métrica vai lhe dizer se o pessoal no departamento de inovação está ocupado trabalhando, ou se estão apenas brincando enquanto as caixas de sugestões ficam abandonadas. Mas quando você considera a regra fundamental deste capítulo – *a maioria das ideias é ruim* – o problema se torna aparente. Supondo que todos os seus funcionários resolvam tomar um porre de uísque de má qualidade amanhã e depois socar duas mil ideias realmente horríveis nas caixas de sugestões, esse critério de avaliação obriga a equipe a checar uma centena de ideias ruins. Como parte da sua análise do processo de avaliação e filtragem de ideias, lembre-se de considerar se os *gatekeepers* são avaliados de uma maneira que faça sentido.

Algumas Dicas para Interromper os Projetos Existentes

Um problema frequente nas organizações é a dificuldade de interromper os projetos existentes. Algumas iniciativas são ditadas de cima para baixo e podem ser difíceis de combater. No entanto, muitos outros projetos locais começam sozinhos e *poderiam* ser interrompidos por uma decisão local, uma coisa que simplesmente não acontece, provocando um estado de sobrecarga desnecessário e perpétuo. Como interromper projetos?

A regra mais importante é similar ao conselho fornecido nos cursos de primeiros socorros: *Primeiro, interromper o tráfego no local do acidente.* Se você testemunhar um acidente de trânsito, *antes* de se apressar para socorrer os feridos você precisa parar o trânsito para que a situação não piore. De modo similar, se a sua empresa estiver sofrendo uma infestação de projetos, parar alguns deles apenas corrige os sintomas dessa infestação. Seu primeiro passo deve ser modificar a maneira como os projetos são *iniciados*. Uma das melhores dicas é certificar-se de que os projetos sejam lançados com algum tipo de botão de desligar (ponto de interrupção), isto é, métricas tangíveis e eventos importantes definindo quando o projeto deve ser colocado à prova e definitivamente descontinuado.[8] O reenquadramento dos projetos como experimentos com prazo limitado também ajuda, então a decisão padrão é interromper o projeto. Também, como explicamos no capítulo sobre foco, deixar claro os objetivos globais da empresa pode ajudar a determinar se um projeto proposto está fora da estratégia antes de ele começar.

Além disso, alguns apontadores podem tornar o processo de interrupção dos projetos mais fácil e (um pouco) menos doloroso:

- **Avaliar vários projetos de uma só vez.** É muito difícil julgar os projetos em andamento de maneira isolada. Avalie todos os projetos em andamento de uma só vez, se for possível.

- **Faça com que as pessoas votem nos projetos sobreviventes.** Se você conceder às outras pessoas o direito de opinar no processo de tomada de decisão, faça com que elas votem nos projetos a serem *preservados*, não nos que devem ser interrompidos. O resultado é o mesmo, mas constatamos que as pessoas acham mais fácil ser consideradas como salvadoras de um projeto, em vez de carrascos.

- **Traga sua navalha estratégica.** Às vezes os projetos duram muito porque são rotulados como estratégicos, sem necessariamente sê-lo. Esclarecer os objetivos estratégicos exatos da empresa — e começar a reunião de avaliação compartilhando-os — pode ajudar a decidir quais projetos devem ser cortados.

- **Agende as reuniões regularmente.** Estabeleça um calendário específico para as avaliações de projeto. Senão eles tendem a ser postergados indefinidamente.

---

[8] Quando definir pontos de interrupção para um novo projeto, é uma boa ideia ser generoso — ou seja, se você atribuir uma data de vencimento para uma nova ideia, conceda à equipe vários meses a mais do que eles consideram necessário para prová-la. Os projetos sempre levam mais tempo do que as pessoas imaginam para serem executados, então se você definir interruptores de desligamento rigorosos demais, a tentação para ignorá-los pode ser maior. É melhor estabelecer pontos de interrupção generosos, porém "duros" — dê às pessoas um ano inteiro se disserem que precisam de seis meses somente — para que, quando o ponto de interrupção for finalmente ativado, fique claro para todos que é justo abortar o projeto.

- **Aceite a dor.** Ninguém gosta de cortar projetos; aceite que é um processo doloroso e faça assim mesmo. Demonstrar uma compaixão injustificada não vai remover a dor; apenas irá prolongá-la e distribuí-la por mais tempo e por mais pessoas.

Quem Toma Conta dos *Gatekeepers*?

Em um artigo do *New York Times* discutindo seu livro sobre tomada de decisão, *Thinking, Fast and Slow*, o vencedor do Prêmio Nobel Daniel Kahneman compartilha uma história interessante sobre o seu início de carreira no exército israelense. Kahneman, junto com uma equipe de psicólogos, tinha a tarefa de avaliar o potencial de liderança dos candidatos ao treinamento de oficiais. Para esse fim, eles conceberam uma série de testes onde podiam ver os candidatos em ação, solucionando vários desafios em equipe. Com base no modo como as pessoas se comportavam nesses cenários, Kahneman e seus colegas se sentiam muito confiantes em suas avaliações dos candidatos.

Essa confiança não se justificava. A equipe de Kahneman recebia regularmente o *feedback* pelo desempenho real dos candidatos e, como ele escreveu em seu artigo, "a história era sempre a mesma: nossa capacidade para prever o desempenho na escola era desprezível. Nossas previsões eram melhores do que palpites cegos, mas não muito". Contudo, como aponta Kahneman, o *feedback* negativo *não mudou a abordagem dos psicólogos*. A equipe continuou executando os testes e acreditando nas avaliações. Kahneman continua: "A evidência estatística do nosso fracasso deveria ter abalado a nossa confiança em nossos julgamentos de determinados candidatos, mas não o fez. Deveria ter feito com que moderássemos as nossas previsões, mas não o fez. Sabíamos, como um fato geral, que as nossas previsões eram pouco melhores do que palpites aleatórios, mas continuamos a sentir e agir como se cada previsão em particular fosse válida".

A cegueira cognitiva que Kahneman descobriu também age nos *gatekeepers* das empresas. Com um processo de filtragem de ideias simples, porém sólido, bons critérios de seleção e a combinação certa de pessoas no papel de *gatekeepers* você aumenta a probabilidade de as pessoas tomarem boas decisões, mas também precisa verificar se realmente funciona. Você precisa, em suma, monitorar e calibrar os critérios e os próprios *gatekeepers*, pois muitas vezes essas pessoas vão persistir em seus pressentimentos, *mesmo que as provas os contradigam*. Assim como David Rimer fez na Index Ventures, o arquiteto da inovação deve conferir periodicamente o próprio processo de análise e avaliar se este funciona. (Veja o quadro "Algumas Dicas para Interromper os Projetos Existentes")

Conclusão: Itens de Ação Sugeridos

- Analise como a sua empresa avalia as ideias. Alguém pensou sobre como isso deveria ocorrer? Isso funciona?
- Confira o modo de funcionamento do processo. A combinação dos *gatekeepers* é adequada? Eles utilizam critérios inteligentes? Os critérios estão alinhados com os objetivos globais? Os funcionários estão a par dos critérios?
- Considere se os processos alternativos de avaliação poderiam funcionar. Você poderia experimentar deixando os clientes avaliarem as ideias diretamente? É possível tornar algumas partes do processo mais democráticas, por exemplo, com algum tipo de classificação colaborativa (*crowd sorting*)?
- Verifique se há um canal separado ou uma saída de emergência para as ideias disruptivas e se as pessoas conhecem esse canal. Se for necessário, trabalhe junto com a alta gestão para estabelecer um canal.
- Confira se alguém monitora o desempenho real dos *gatekeepers*. Se você mesmo for um *gatekeeper*, adote uma sugestão dentre as constatações de Kahneman e aplique rigorosamente essas lições para si mesmo (ou, ainda melhor, mantenha outra pessoa monitorando o seu desempenho).

CAPÍTULO 6

STEALTHSTORM

COMO AJUDAR AS PESSOAS A COMPREENDEREM A POLÍTICA DE INOVAÇÃO

REGRAS DO STEALTHSTORMING
Os líderes precisam ajudar as pessoas a lidarem com a política da empresa

Muitas pessoas, particularmente as criativas, nutrem um ódio sonoro pela política empresarial. Seguros em sua convicção de que uma boa ideia deve vencer pelos seus próprios méritos, alguns inovadores menosprezam ou até mesmo se recusam a lidar com a *realpolitik*[1] de trabalhar em uma grande empresa. Isso é um problema porque a inovação bem-sucedida tem tanto a ver com política quanto ter uma ótima ideia. Lidar com a política empresarial é como navegar com um forte vento de través. Se a ignorarmos teimosamente, desacelerar a política empresarial irá nos empurrar para fora do curso ou nos atirar nas rochas. Mas, se trabalharmos para *aproveitar* o seu poder, ela pode nos impulsionar na direção da linha de chegada com velocidade extraordinária.

---

[1] **Realpolitik** (do alemão real "realístico", e **Politik**, "política") refere-se à política ou diplomacia baseada principalmente em considerações práticas, em detrimento de noções ideológicas. O termo é frequentemente utilizado de modo pejorativo, indicando tipos de política que são coercitivos, imorais ou maquiavélicos.

Neste capítulo, mostramos como é possível ajudar os inovadores a lidarem com a política de inovação. Como a língua inglesa não contém uma palavra para a grande quantidade de comportamentos que estão envolvidos na compreensão da política organizacional, nossa pesquisa por um termo mais abrangente nos levou a cunhar a nossa própria palavra: *stealthstorming*.[2] Em contraste com sua prima mais exuberante, a palavra *brainstorming*, o *stealthstorming* se destina a invocar uma abordagem mais moderada, furtiva, para a inovação: uma abordagem que seja compatível com a cultura de uma empresa conservadora.

Stealthstorming: Cinco Aspectos da Criatividade Empresarial

Em seguida, discutimos cinco aspectos do *stealthstorming*, compartilhando conselhos sobre como é possível ajudar as pessoas a navegarem pelos recifes e barreiras políticas da empresa. Em particular, voltamos repetidamente à história da pfizerWorks, compartilhando algumas lições de *stealthstorming* que Jordan Cohen aprendeu enquanto construía o serviço:

1. Conecte o seu pessoal com os donos do poder.
2. Ajude-os a criar uma história em torno de sua ideia.
3. Faça-os demonstrar valor logo no início.
4. Ajude-os a garantir mais recursos.
5. Ajude-os a gerir sua marca pessoal.

---

[2] Os especialistas em linguagem podem argumentar que a palavra *politicagem* tem uma forma imperativa, mas sinceramente, apesar de sua enorme estranheza, estamos absolutamente certos de que se tivéssemos utilizado *politick* as pessoas suporiam que cometemos um erro de ortografia.

1. Conecte o Seu Pessoal com os Donos do Poder

Como descreveu o sociólogo Everett M. Rogers em seu livro produtivo *Diffusion of Innovations*, até mesmo as melhores ideias podem encontrar uma forte resistência quando se tenta fazer com que muitas pessoas as adotem. Rogers estendeu o histórico exemplo do escorbuto, a doença que, estima-se, matou dois milhões de marinheiros devido à deficiência de vitamina C. Como tomamos conhecimento a partir dos diários de famosos capitães do mar, como Francis Drake, a cura do escorbuto, por meio do consumo de frutas cítricas frescas, já era conhecida no final dos anos 1590, mas só em 1795, cerca de duzentos anos mais tarde, o almirantado britânico finalmente instituiu uma política padrão de levar suco de frutas cítricas nas viagens longas.

Muitos mencionaram a história do escorbuto como um exemplo da lentidão que as sociedades podem ter para adotar as novas ideias. Mas, há um elemento interessante na história, que a maioria das pessoas não questiona: *por que a política passou a ser um padrão em 1795?* Como vimos no capítulo anterior, meio século atrás a instituição médica ainda estava nas garras de teorias ruins, quando Semmelweis tentou e não conseguiu introduzir a lavagem das mãos. Então, o que fez o almirantado inglês ver a luz em 1795?

Quando a Vida lhe Der Limões...

Como se vê, a decisão não foi uma questão de adoção gradual de baixo para cima. Em seu livro *Scurvy*, o historiador canadense Stephen R. Bown explica que essa adoção se deveu na verdade às ações de um homem, o estimado 1º Baronete Gilbert Blane de Blanefield. Antes de Blane entrar em cena, vários outros médicos, usando enormes quantidades de provas, já haviam tentado e não conseguiram fazer com que o almirantado impusesse a utilização de frutas cítricas. O que diferenciava Blane era o seu capital político: ele não era marinheiro e nem um cirurgião treinado, mas era descendente de uma abastada e respeitada família escocesa e havia utilizado esse trampolim social para obter favores de homens influentes e construir uma grande carreira para si. Um ávido mantenedor de contatos e um eminente alpinista social, Blane aparentemente não era o mais simpático dos personagens. Segundo Bown, embora fosse ótimo para lisonjear seus superiores: "Blane era chamado pelas costas de frieira por causa de seu comportamento distante e frio em relação aos que considerava inferiores a ele socialmente". No entanto, Blane leu um tratado produzido pelo cirurgião James Lind, recomendando as frutas cítricas, e depois de fazer uma navegação para testar a cura de um amigo de Lind, ele se convenceu de que funcionava. Assim, em 1795, quando Blane foi nomeado para o Conselho de Doentes e Feridos da Marinha, ele usou rapidamente seus talentos políticos para transformar o uso das frutas cítricas em uma política padrão em toda a Marinha.

Em outras palavras, devemos a derrota do escorbuto a um esnobe com propensão a jogar conversa fora. Mas, como outro médico naval afirmaria mais tarde, citado no livro de Bown, "não há necessidade de criticar Blane e condená-lo como esnobe. Graças a Deus ele era, se isso significasse que ele tinha poder de usar a adulação e a lisonja para trilhar o seu próprio caminho entre os poderes constituídos... Sem a popularidade de Blane com [seu chefe] e os dirigentes da Marinha Real, o país poderia ter esperado ainda mais do que quarenta anos [para a cura ser implantada]".

Jordan Cohen e David Kreutter Revisitados

Se você quer angariar apoio para uma boa ideia, poucas coisas são mais úteis do que os amigos poderosos. Felizmente, embora seja preciso ter faro político para alcançar os altos escalões do poder, nem todos os superiores nas empresas compartilham a disposição fria de Blane. Depois de agir para convencer um executivo sênior a acreditar em uma ideia – e particularmente nas pessoas que vão executá-la – todos os tipos de questões políticas começam a ficar mais fáceis.

Como foi mencionado no Capítulo 1, um patrocinador como esse desempenhou um papel crítico na criação da pfizerWorks. Inicialmente, o patrocinador principal de Jordan Cohen foi o seu chefe imediato, Bob Orr, que apoiou as atividades extracurriculares de Cohen e acreditou no potencial embrionário da ideia. Mas a ideia realmente começou a decolar no momento em que Cohen obteve o apoio de David Kreutter.

Conforme explicamos anteriormente, no início Kreutter ajudou Cohen fornecendo conselhos, levantando algumas questões e ensinando-o a lidar com as diferentes partes interessadas. No entanto, mais tarde, quando chegou a hora de encontrar um lugar adequado para a pfizerWorks na empresa, a conexão com Kreutter se revelou inútil. Kreutter explica:

> Originalmente, a pfizerWorks fazia parte de um grupo chamado Operações Globais, mas não era o local ideal para o projeto. O grupo de Operações Globais lida com imóveis, gestão de instalações e questões similares, que tinham pouco em comum com o que Jordan estava fazendo. Do ponto de vista financeiro, o orçamento de Jordan era relativamente pequeno para uma unidade que se ocupava com orçamentos em torno de meio bilhão de dólares, significando que a pfizerWorks nunca teria o volume de atenção do qual necessitava por ser uma operação incipiente.
>
> Uma ideia que discutimos foi a divisão de Aquisições, cujas atividades estavam mais alinhadas com o que Jordan estava fazendo. Mas acho que o relacionamento teria se tornado um pouco transacional por natureza, focado na economia de custos, na minimização dos gastos etc – e a pfizerWorks, tanto na concepção de Jordan quanto na minha, tinha um potencial maior que isso. A pfizerWorks era um forte veículo potencial para impulsionar a mudança e a produtividade; ela não poderia ser executada apenas como outro centro de custo. Então, no fim, Jordan e eu trabalhamos juntos para deslocar a pfizerWorks para a minha própria unidade de negócio, as Operações Comerciais nos

Estados Unidos, onde poderia lhe dar a atenção e os recursos necessários.[3]

Como fica claro a partir da história, existem muitas sutilezas em fazer a inovação acontecer na empresa e, sem uma pessoa que compreenda a dinâmica complexa das estruturas de governança de uma empresa, é muito fácil fazer más escolhas. Por essa razão, você precisa ajudar as pessoas a estabelecerem uma rede similar de patrocinadores e conselheiros.

Seguem algumas dicas para conectar as pessoas aos patrocinadores:

- Trabalhe com pessoas que identifiquem potenciais patrocinadores seniores em suas redes pessoais de contatos. Por exemplo, ex-chefes de outros departamentos. Verifique também a sua própria rede pessoal de contatos, mas lembre-se de que isso funciona melhor se os próprios inovadores já tiverem um histórico pessoal de confiança com o patrocinador.

- Antes de entrar em contato, faça com que o seu pessoal esclareça para cada patrocinador *por que a sua inovação é interessante*, considerando o seu valor segundo seus pontos de vista. Peça às pessoas para considerarem se existe alguma razão para o patrocinador se *opor* à ideia (situação em que eles podem querer ficar fora do alcance do radar dessa pessoa).

---

[3] Conversa pessoal com David Kreutter, agosto de 2009. Encontrar o lugar certo na empresa para a pfizerWorks provou-se, mais tarde, crucialmente importante, já que Cohen acabou saindo da Pfizer para liderar a prática de produtividade dos trabalhadores do conhecimento na PA Consulting, ajudando outras pessoas a aumentarem a produtividade organizacional. Em outros casos, a saída do inovador original poderia ter significado o fim do projeto. No entanto, como Cohen, com a ajuda de Kreutter, havia concebido uma arquitetura sólida em torno da iniciativa, atribuindo-a aos sistemas em vez de a si próprio, a pfizerWorks não terminou com a sua saída. Muito pelo contrário, no momento em que escrevemos este livro a pfizerWorks é chefiada por Tanya Carr-Waldron e continua a crescer, sendo popular junto aos funcionários da Pfizer.

- No momento em que estabelecerem a conexão, enfatize a sua *natureza informal* e instrua o seu pessoal a *pedir apenas conselhos e opiniões.*[4] (Alguns possíveis patrocinadores podem reagir negativamente aos pedidos de apoio não incentivados nas primeiras reuniões, enquanto quase todo mundo reage positivamente aos pedidos de conselhos.)
- *Estimule as pessoas a encontrarem patrocinadores logo no início do processo.* Os conselhos são mais valiosos no início e o patrocinador provavelmente se envolverá mais se sentir que faz parte da formatação da ideia, ao contrário da ideia sendo vendida como um conceito acabado.
- Finalmente, certifique-se de que as pessoas *mantenham as conexões* com seus conselheiros-chave à medida que avançarem. Uma vez que concordem em se envolver como conselheiros, elas esperam ser mantidas no circuito.

2. Ajude as Pessoas a Criarem uma História em Torno de Sua Ideia

Para ter sucesso, as ideias precisam ser vendidas para muitas partes interessadas dentro da empresa. Quando tentam vender suas ideias, muitas pessoas cometem o erro frequente de pensar que comprar uma ideia é basicamente uma escolha *lógica*. Para essa finalidade, elas criam *cases* elaborados, demonstrando por que a sua ideia faz sentido. Na realidade, é necessário criar um *case*, mas raramente isso é suficiente para convencer as pessoas. Particularmente nos estágios iniciais, quando a inovação será um esboço sem definição, comprar a ideia é igualmente uma escolha emocional e uma escolha social. É aí que entra o poder da narrativa.

---

[4] Aqui, como acontece em geral, presumimos que você estará na mesma posição em que Bob Orr se encontrava em relação a Cohen, ou seja, você não vai ter tempo para se envolver diretamente, mas vai agir como um facilitador e consultor para os seus funcionários. No entanto, em casos especiais você pode querer adotar um papel mais ativo, particularmente nos aspectos políticos.

Narrativa: Faça com que as Pessoas Criem uma Narrativa

Na última vez que você viu um movimento de caridade, digamos que para aliviar a pobreza em outro país ou como ajuda humanitária para um desastre em uma nação atingida, a campanha empregou estatística ou planilhas para convencê-lo a doar o seu dinheiro? Provavelmente, não, pois através de anos de experiência as organizações não governamentais aprenderam que a maioria das pessoas reage melhor às histórias pessoais. É por isso que as campanhas tendem a apresentar apenas uma pessoa específica, frequentemente uma criança: "Por apenas US$25 por ano você pode ajudar Miriam a ir à escola em vez de trabalhar em uma fábrica". Christian Budtz, coautor do livro *Storytelling* e especialista no uso estratégico das narrativas, comenta: "O poder das histórias é algo primordial. Na maior parte da história da humanidade, antes de dispormos de livros, computadores e seminários em vídeo, a narrativa era o veículo principal de compartilhamento do nosso conhecimento e até hoje ela tem uma ressonância intuitiva nas pessoas. Simplificando, tendemos a achar as ideias muito mais convincentes e memoráveis quando são passadas na forma de uma história".

O uso deliberado da narrativa também pode ajudar as pessoas a venderem as suas ideias. Cohen frequentemente compartilhava a história do seu funcionário Paul, um talentoso graduado no MIT e um jovem pai, e como Cohen notou que Paul ficava muitas vezes até tarde da noite no escritório fazendo trabalho burocrático, um trabalho que a pfizerWorks podia ajudar a aliviar. O fundador do eBay, Pierre Omidyar, tem a fama de dizer que inventou o eBay para ajudar as pessoas a venderem a sua coleção de embalagens de Pez[5], uma história que mais tarde ele admitiu ser principalmente uma ferramenta de marketing. Em uma linha similar – e de preferência sem tomar muitas liberdades criativas – você deveria ajudar as pessoas a identificarem uma boa história a respeito de sua ideia e depois polirem essa história até ficar bem contada. Quando o seu pessoal explica quais são suas ideias, eles têm um exemplo convincente de como

---

[5] Pez (marca registrada PEZ, em maiúsculas) é a marca de bala austríaca e suas embalagens de bolso mecânicas — embalagens que liberam uma bala de cada vez.

ela pode fazer a diferença? A história é simples e memorável o bastante para que as outras pessoas a espalhem? (Veja o quadro "Prova Social: Como *Não* Vender a sua Ideia")

3. Faça com Que as Pessoas Demonstrem Valor Logo no Início

No *Little Black Book of Innovation*, Scott Anthony compartilha o conceito de "tique-taque do relógio", de Clayton Christensen, um prazo para a criação de resultados que todos os inovadores enfrentam: "Você nunca sabe com que rapidez o relógio está correndo ou para que horas o alarme foi definido, mas pode ter certeza de que em algum momento ele vai tocar. O proverbial relógio sempre chega à meia-noite. Se essa hora chegar e tudo o que você tiver for certo potencial, é melhor ajeitar o seu currículo". Segundo Anthony, não importa o tamanho do potencial de longo prazo de uma ideia, pois os inovadores ainda devem visar à produção de alguns resultados rápidos para que não sejam ceifados pela pretensão corporativa de gratificação imediata.

Prova Social: Como *Não* Vender a sua Ideia

Quando as pessoas consideram se devem ou não experimentar um serviço, o conceito de *prova social* desempenha um grande papel. Como foi demonstrado por Robert Cialdini e outros estudiosos de táticas de influência, as pessoas obtêm pistas fortes dos seus colegas e frequentemente vão fazer a mesma coisa quando perceberem que a maioria faz. Devido ao poder da prova social, as propagandas de TV tarde da noite lhe dizem que "nossas linhas podem estar ocupadas" em vez de "nossos representantes de vendas estão prontos para receber a sua chamada". Isso cria uma percepção de que muitas pessoas também estão telefonando, fazendo uma diferença significativa na eficiência da propaganda.

Em uma empresa com a qual trabalhamos, uma de suas funções de apoio tentou lançar uma nova iniciativa baseada na Internet visando que os funcionários começassem a utilizá-la. No entanto, a equipe não considerou o modo de funcionamento da prova social: nos cartazes promocionais muito bem concebidos, a equipe declarava, "Seja o primeiro a usar a nova plataforma!". Como seria de esperar, o novo serviço não foi exatamente invadido por funcionários ávidos a serem as primeiras cobaias.

A título de comparação, quando Cohen e sua equipe colocaram cartazes anunciando internamente a iniciativa pfizerWorks, eles adotaram a abordagem oposta. Os cartazes apresentavam imagens dos funcionários do escritório local, com slogans do tipo "o final de semana de Jane foi salvo pela pfizerWorks". Assim como Cohen, faça o seu pessoal utilizar a prova social quando promoverem suas ideias.

O conselho é excelente. Se for possível, você deve fazer com que o seu pessoal siga-o. No entanto, a natureza das ideias das pessoas *pode* ser tal que produzir sucessos rápidos está fora de questão. Nesse caso, temos duas regras a serem memorizadas. A primeira é que para o alarme tocar, primeiro o cronômetro precisa ser *disparado* e frequentemente isso não vai acontecer enquanto as pessoas de alguma forma não "aparecerem no radar" com o projeto, por exemplo, obtendo financiamento ou atraindo a atenção de algum outro modo. Ao manter o projeto no modo furtivo para iniciá-lo, você pode encontrar maneiras de ajustá-lo dentro dos meios disponíveis e na maioria das vezes pode postergar o momento de disparar o cronômetro.

Segundo, quanto mais você conseguir que os *gatekeepers*, patrocinadores e outros donos do dinheiro *acreditem* pessoalmente na ideia, não apenas no sentido dos resultados, mas também emocionalmente, mais tolerância eles vão demonstrar em relação à falta de progresso imediato. Para conseguir isso, pode ser necessário mais do que uma narrativa.

Faça com que as Pessoas Criem Experiências Pessoais

Quando se trata de convencer as pessoas, a ferramenta de vendas mais poderosa não é verbal. No *Influencer*, um livro que usa a ciência da persuasão para discutir a mudança de comportamento, Kerry Patterson e seus coautores chamam atenção para uma verdade importante: *O grande persuasor é a experiência pessoal.* Se você quer que as pessoas mudem suas opiniões sobre uma ideia, muitas vezes a melhor coisa a ser feita é deixá-las experimentar por si mesmas.

Em uma história descrita no livro *Influencer*, a gestão de uma fábrica americana precisava vender uma ideia *impopular* para os seus funcionários: eles tinham de mudar a forma de trabalhar, pois os concorrentes japoneses eram até 40% mais eficazes. Primeiro, os gestores tentaram convencer as pessoas com dados frios e apresentações em PowerPoint, surtindo pouco efeito. Os trabalhadores achavam que já estavam trabalhando duro e simplesmente se recusaram a acreditar que seus colegas japoneses poderiam ser bem mais eficazes. Então, para convencer os trabalhadores, os gestores sugeriram uma estratégia diferente: eles convidaram dez dos trabalhadores mais eloquentes para visitar uma fábrica no Japão. Depois que os funcionários viram por si mesmos como as equipes japonesas trabalhavam, dia e noite, eles perceberam que o problema era real, um efeito que nenhum tipo de persuasão verbal teria alcançado.

Esse método funciona também com as inovações. (Lembra-se da sensação que teve na primeira vez que usou um iPad?) Quando as pessoas surgem com uma ideia realmente boa, tanto elas quanto você (possivelmente) passam a acreditar no seu potencial, tanto emocionalmente quanto racionalmente. Isso provavelmente não aconteceu com base em um cálculo do ROI.[6] Um caso de negócio raramente vai fazer com que um *gatekeeper* se apaixone por uma ideia no grau em que seu pessoal se apaixonou, mas uma experiência pessoal convincente pode fazer esse truque. Nas vendas realmente importantes, você consegue fazer que os seus funcionários concebam uma experiência pessoal que venda a sua ideia? Ou, se o grupo-alvo for diferente dos *gatekeepers*, você consegue ao menos

---

[6] ROI (*Return Over Investment*), retorno sobre o investimento.

148 INOVAÇÃO COMO ROTINA

que eles testemunhem o impacto em primeira mão?[7] (Veja o quadro "Minha Filha Detestou")

"Minha Filha Detestou"

Um cliente pediu a uma agência de publicidade um comercial voltado para as crianças. Os membros da equipe surgiram com uma ótima ideia e eles testaram o anúncio em um grupo de crianças dentro do alvo demográfico, obtendo resultados bastante positivos. A agência mostrou os resultados do teste para o cliente, que disse que gostou, mas pensaria a respeito antes de tomar uma decisão final. No entanto, no dia seguinte o cliente tinha más notícias: ele achava que a ideia não funcionaria. A agência teve de apresentar alguma coisa diferente. Surpresa, a equipe perguntou por que ele tinha mudado de ideia. O cliente respondeu: "Bem, eu mostrei o anúncio para a minha filha ontem à noite e ela não gostou".

As pessoas no meio publicitário vão lhe contar muitas histórias semelhantes: é uma verdade não revelada que muitos profissionais de publicidade consideram seus clientes burros, irracionais e avessos ao risco. Naturalmente, a equipe deve ter se frustrado ao ver sua ideia descartada. Pelo que sabiam, a filha poderia estar zangada com o seu pai naquele dia. Mas o que a história realmente mostra é que *as pessoas depositam mais crédito nas coisas que experimentam pessoalmente.* A reação negativa da sua filha venceu as reações positivas das crianças do grupo de teste, não apenas porque era sua filha, mas também porque *o cliente estava lá para ver,* enquanto as reações das outras crian-

---

[7] Por exemplo, após a coletiva de imprensa em que a Lego lançou a sua nova linha de blocos programáveis MindStorm, ela convidou todos os jornalistas reunidos e equipes de TV para uma sala anexa onde grupos de crianças brincavam felizes com os novos blocos. Essa experiência em primeira mão provavelmente cumpriu o seu papel para que os jornalistas acreditassem no produto (e também proporcionou às equipes de TV excelentes imagens para o encerramento dos noticiários, que a maioria das emissoras utiliza).

ças foram transmitidas a ele apenas indiretamente. Se a equipe tivesse convencido o cliente a testemunhar o teste pessoalmente, a história provavelmente teria um resultado diferente.

---

4. Ajude as Pessoas a Garantirem mais Recursos

Algumas empresas adotaram a prática de criar orçamentos especiais para a inovação no nível da sede, que as pessoas com boas ideias podem acessar o ano inteiro. Outras criaram cargos dedicados à inovação para as pessoas que trabalham como *business angels*[8] internos, agindo como patrocinadores ou catalisadores de novas ideias.

No entanto, se você *não* estiver trabalhando em uma empresa desse gênero seus funcionários podem se deparar rapidamente com um desafio político, que é o de garantir fundos extras e não orçados para uma ideia imprevista, porém promissora. Oferecemos duas estratégias possíveis para abordar isso:

- Aproveite as iniciativas existentes na empresa. Nas grandes empresas, frequentemente é possível utilizar iniciativas existentes na sede para proporcionar cobertura para uma ideia local. Por exemplo, quando Cohen criou a pfizerWorks, o então CEO da Pfizer Henry McKinnell tinha lançado uma iniciativa abrangendo toda a empresa, chamada "Adapting To Scale". A iniciativa ATS não visava diretamente ao tipo de ideia que Cohen teve, mas contudo ele conseguiu posicionar sua ideia sob o guarda-chuva da ATS, permitindo-lhe que investisse parte do seu tempo e orçamento na mesma. Existe alguma atividade em andamento na sua empresa que possa atuar como um guarda-chuva para as iniciativas de ino-

---

[8] **Business Angel** é um investidor anjo ou anjo rico (também conhecido como um anjo da empresa ou investidor informal) que fornece capital para um negócio iniciante.

vação? Ou existe algum projeto local do qual você possa puxar alguns recursos?

- Peça para as pessoas buscarem financiamento externo. Em 2009, Gregers Wedell-Wedellsborg, irmão de Thomas, trabalhava para a grande emissora TV2 quando alguns dos seus funcionários tiveram a ideia de desenvolver conteúdo para telefones celulares. No entanto, na época não havia um modelo de negócio viável para o conteúdo destinado a celulares e, embora o espaço emergente dos telefones celulares fosse reconhecido como uma prioridade para a empresa, seria difícil assegurar internamente o financiamento necessário. Em vez disso, Gregers incentivou sua equipe a *sair da* empresa e encontrar financiamento para suas iniciativas destinadas aos celulares. Como se viu, as operadoras de celular dinamarquesas (empresas de telecom) estavam muito interessadas em colaborar, já que o seu alto volume de conteúdo em vídeo prometia aumentar a sua receita sobre o tráfego de dados e reforçar as vendas de *smartphones*. As empresas de telecom concordaram em financiar o desenvolvimento do conteúdo e esse experimento inicial lançou o empreendimento da TV2 no mercado de conteúdo para celulares e *smartphones*. Praticamente sem nenhum financiamento interno, a TV2 se tornou pioneira em mídia para dispositivos móveis e líder de mercado. A colaboração também preencheu a lacuna até o amadurecimento do mercado de publicidade em dispositivos móveis e se transformou em um modelo de negócio sustentável. De modo similar, você consegue que seus funcionários identifiquem potenciais colaboradores externos?

5. Ajude as Pessoas a Gerirem sua Marca Pessoal

Enquanto escrevíamos este livro, perguntamos a um amigo, Anders Ørjan, como as pessoas criativas se saíam em sua empresa, um importante escritório de advocacia. A resposta de Ørjan foi sucinta: "Na minha empresa, ser chamado de criativo é o beijo da morte para a sua carreira".

Embora os escritórios de advocacia possam estar no outro extremo da escala, o comentário de Ørjan revela algo importante. O *branding* não é apenas para os produtos ou empresas. As pessoas possuem *marcas* pessoais e tanto quanto a nossa sociedade pode ter um caso de amor comum "pelos loucos", como a famosa propaganda da Apple os chamou – os rebeldes, os cavalos selvagens, os iconoclastas – a realidade é que em muitas empresas ser estereotipado como uma pessoa criativa pode ser uma faca com dois gumes. Se você pensar em um "tipo criativo" clássico, alguns termos positivos vão brotar: imaginativo, pensa de forma diferente, disposto a desafiar as normas. Porém, o estereótipo também está imbuído de qualidades mais duvidosas, como excêntrico, instável, nunca chega na hora e frequentemente "perturba o ambiente". Conforme estabeleceu um estudo de 2010 realizado por Jennifer S. Mueller, Jack Goncalo e Dishan Kamdan, esses estereótipos conflitantes podem ter consequências negativas, pois os tipos criativos geralmente são considerados portadores de um baixo potencial de liderança. (Naturalmente, isso é um possível problema apenas para as pessoas que aspiram posições de liderança.)

Levantamos essa questão para realçar a necessidade do *posicionamento*, tanto pessoal quanto em nome de um determinado projeto. Quanto à gestão da marca pessoal, você tem de examinar cuidadosamente a cultura da sua empresa: é um lugar onde a criatividade é bem vista? Ou é um lugar onde as pessoas poderiam se beneficiar do *stealthstorming*, renunciando à camisa estampada e aos jargões da inovação em favor de uma reputação mais estável, profissional e executiva? (Veja também o quadro "Stealthstorming e Treinamento em Criatividade")

Stealthstorming e Treinamento em Criatividade

O treinamento em criatividade funciona? Em 2004, Ginamarie Scott, Lyle Leritz e Michael Mumford tentaram responder essa pergunta realizando um assim chamado meta-estudo de treinamento em criatividade, um tipo de estudo confiável no qual eles examinaram e compilaram setenta documentos existentes sobre o tema. A principal descoberta foi que o treinamento em criatividade *funciona,* o que é uma boa notícia, considerando o número incontável de funcionários que participaram de cursos como esse. Segundo os pesquisadores constataram, o efeito é mais forte para o conhecimento sobre criatividade e mais fraco (ainda que positivo) para o comportamento.

No entanto, os pesquisadores também examinaram diferentes *tipos* de treinamento e sua análise se transformou em algo interessante. Especificamente, eles descobriram que no treinamento dos executivos os *métodos de treinamento artísticos eram muito menos eficazes* do que os métodos que utilizam problemas empresariais. Em outras palavras, o que seu estudo sugere é: se você enviar pessoas para um curso de treinamento em criatividade, certifique-se de que ele treine as pessoas em problemas do mundo real, similares aos que enfrentam no trabalho. Métodos artísticos e extravagantes que envolvam pintura com os dedos, peças de teatro improvisadas e atividades similares podem trazer uma *experiência* agradável para a equipe – e podem justificar sua inclusão por essa razão – mas provavelmente não vão tornar a equipe mais criativa. Para isso, você precisa abraçar a ideia incorporada à noção de *stealthstorming*, ou seja, fazer da inovação parte da vida diária; ela precisa ser reinventada de maneira *excepcional* e compatível com as empresas mais comuns. Quando perseguir a inovação, opte pelo realismo e não pelo escapismo.

Conclusão: Itens de Ação Sugeridos

Este capítulo tratou do quinto comportamento fundamental: *stealthstorming*. Para aumentar a probabilidade de as pessoas virem a ter sucesso na ultrapassagem das barreiras da empresa, você pode:

- Ajudá-las a identificar e contatar possíveis patrocinadores em suas redes de contatos, logo no início do processo.

- Ajudar os seus funcionários a criar uma narrativa pessoal forte sobre suas ideias, compartilhando os benefícios essenciais em uma história simples.
- Considerar se as pessoas conseguem conceber experiências pessoais que demonstrem o valor da inovação para aumentar a chance de converter as principais partes interessadas.
- Considerar o conflito de escolha oculto entre velocidade e segurança: quando é o momento certo para colocar um projeto ao alcance do radar da empresa? Uma vez ao alcance do radar, certifique-se de que as pessoas se concentrem em demonstrar valor o mais cedo possível.
- Fazer com que as pessoas busquem fontes internas e externas de financiamento, incluindo os projetos em andamento que poderiam ter recursos avulsos. Impulsione-os para que sejam criativos na questão do financiamento.
- Avaliar cuidadosamente o clima da empresa e fazer com que as pessoas considerem sua gestão de marca pessoal sob essa ótica. Uma reputação criativa será um ativo para as pessoas ou elas devem tentar uma abordagem mais discreta?

CAPÍTULO 7

PERSISTIR

COMO AUMENTAR A MOTIVAÇÃO PESSOAL DOS FUNCIONÁRIOS PARA INOVAR

A CRIATIVIDADE É UMA ESCOLHA
Os líderes precisam ajudar os seus funcionários a persistirem na busca pela inovação

Em uma das maiores investigações do mundo moderno sobre os grandes inovadores, o estadista e escritor do século XIX Robert Bulwer-Lytton se interessou pela diferença entre talento e sucesso. O que intrigava Bulwer-Lytton era o fato de que o mundo parecia ter um suprimento abundante de pessoas talentosas. Contudo, apesar de seus dons óbvios, poucos pareciam realizar algo realmente importante. O que impedia essas pessoas dotadas de transformar o seu talento em sucesso? O que as distanciava dos indivíduos verdadeiramente notáveis – pessoas que *capitalizaram* sobre o seu talento?

A resposta de Bulwer-Lytton foi simples: o que distanciava as pessoas bem-sucedidas das demais não era um intelecto superior ou uma capacidade natural, mas algo muito mais comum: a sua *persistência*. O denominador comum dos grandes homens e mulheres da história era simplesmente que eles *não desistiam*. Mediante toda a liderança que o mundo lançou sobre elas, essas pessoas eram inflexíveis, não se rendiam, persistindo muito além do que os comuns mortais já teriam desistido e começariam a procurar pelo controle remoto.[1]

Duas Maneiras de Promover a Persistência

A persistência tem uma importância crucial para os gestores. Estudos científicos, tanto do passado quanto do presente, prestam muita atenção ao *que* os inovadores fazem e neste livro compartilhamos cinco comportamentos fundamentais que os líderes devem promover nos seus funcionários. O que a mensagem de Bulwer-Lytton acrescenta ao livro é uma ideia final e fundamental: tão importante quanto *o que* os inovadores fazem é o fato de *continuarem* fazendo. Fazer com que as pessoas adotem os cinco comportamentos fundamentais uma ou duas vezes não vai trazer a inovação como rotina. Para isso, há o sexto comportamento fundamental e abrangente que você precisa promover: a *persistência*. Por essa razão, neste capítulo final nos voltamos para o tema da motivação pessoal e de como fomentá-la em seus funcionários. Seguindo o exemplo da pesquisa de motivação, nos aprofundamos em dois impulsionadores específicos das ações das pessoas, os quais você pode alavancar para ajudá-las a persistir:

1. Amar a jornada: alavancar a motivação intrínseca
2. Verificar o destino: não ignorar as recompensas extrínsecas

---

[1] O cerne da questão é capturado na que talvez seja a citação mais famosa de Bulwer-Lytton, escrita sob o pseudônimo Owen Meredith: "O Gênio faz o que deve e o talento faz o que pode," do seu poema "Last Words", publicado no periódico literário vitoriano *The Cornhill Magazine*, em novembro de 1860. Bulwer-Lytton acreditava que os gênios eram persistentes devido a uma compulsão pessoal, mas a questão permanece: a persistência é essencial para o sucesso.

1. Amar a Jornada: Alavancar a Motivação Intrínseca

A ideia de criar uma arquitetura de inovação pode ser comparada a *preparar o terreno* para as pessoas, moldando o ambiente para que o caminho criativo fique mais fácil de percorrer. No entanto, a arquitetura só pode levá-lo até esse ponto e sempre haverá obstáculos que você não consegue remover. No final das contas, as pessoas precisam escolher entre tomar o caminho criativo e permanecer nele, o que nos leva à questão da *motivação*. Em contraste com o conceito de arquitetura da escolha, que trata essencialmente das influências impessoais externas sobre o comportamento, a motivação pode ser considerada um impulsionador pessoal interno do que as pessoas fazem.

Tradicionalmente, os pesquisadores fazem uma distinção entre as formas *intrínseca* e *extrínseca* da motivação. A motivação intrínseca é quando você gosta de uma atividade pelo que ela é; comer bem, esquiar ou socializar com os amigos são bons exemplos, assim como quaisquer atividades profissionais que promovam prazer. A motivação extrínseca é quando você gosta particularmente da própria atividade, mas a realiza para obter alguma outra coisa, como dinheiro ou promoção. Fazendo referência à metáfora de Frost das duas estradas em uma floresta, a motivação intrínseca tem a ver com a *jornada* – o quão prazeroso é percorrer o caminho criativo? – enquanto a motivação extrínseca se trata do *destino*: para onde o caminho criativo vai me levar?

Entre esses dois fatores, consideraremos primeiro como é possível alavancar a motivação intrínseca das pessoas.

Faça com que as Pessoas Ativem sua Experiência Pessoal

Anteriormente, explicamos a importância de ajudar as pessoas a se concentrarem nos espaços de oportunidade que interessam à empresa. Essa perspectiva impessoal voltada para a empresa, porém, não é o único fator determinante do lugar onde as pessoas devem procurar ideias. Igualmente importante, tanto para a motivação quanto para a qualidade, é a questão dos interesses pessoais. Se você pensar em um entre quatro funcionários, *o que essa pessoa realmente adora fazer?* Se alguém for muito apaixonado por tecnologia móvel, por exemplo, então provavelmente é uma boa ideia fazer com que essa pessoa inove nesse espaço de oportunidade. Em gestão, falamos frequentemente a respeito de como os líderes motivam seus funcionários utilizando várias formas de iscas. No entanto, isso é adequado principalmente para a motivação extrínseca. Com a motivação intrínseca, os líderes realmente não motivam seus funcionários; é mais correto dizer que *as pessoas se motivam sozinhas.* Os líderes precisam tentar criar as condições para essa automotivação, direcionando-a para um objetivo que seja importante para a empresa.[2]

Em muitas empresas, as pessoas não são solicitadas a inovar em sua área de especialização, particularmente se essa especialização for interna à empresa. Em alguns eventos de inovação, vimos os gestores obrigarem seus funcionários a participarem de *brainstorms* de novos produtos ou serviços *somente para os seus clientes,* ao mesmo tempo evitando deliberadamente qualquer discussão sobre as possibilidades de inovação interna. Pode ser produtivo concentrar os esforços de inovação de todos os funcionários no cliente *se* as pessoas tiverem uma compreensão sólida do que seria a vida dos seus clientes. No entanto, se você estiver lidando com um grupo de quarenta e poucos funcionários de finanças trabalhando no âmago da empresa, suas chances de apresentarem uma inovação útil para o cliente são bastante limitadas. Se algumas pessoas simplesmente não estão em contato com os clientes da empresa, muitas vezes é bem mais produtivo fazer com que inovem nas áreas que já conhecem.

Faça com que as Pessoas se Conectem com o que Conhecem e Gostam

Fazer com que as pessoas procurem ideias nas áreas que conhecem tem dois benefícios adicionais, além de aumentar a motivação. Primeiro, é

---

[2] Se nos permite aproveitar a analogia clássica, sem imputar características equinas a ninguém: se você possui um burro que adora comer grama, não precisa de cenouras e varas para fazer uma isca. Tudo o que você precisa é direcionar o burro para um gramado abandonado e depois cobrar do proprietário o corte da grama.

PERSISTIR

uma maneira de obter ideias mais *originais*. Conforme constatou o pesquisador de criatividade Mark Runco, se você instruir as pessoas a procurarem ideias *que só elas poderiam ter*, elas vão produzir mais ideias incomuns e excêntricas porque elas ativam o seu próprio conhecimento. Segundo, em seus estudos pioneiros baseados em criatividade nas organizações, Teresa Amabile descobriu que as pessoas são mais propensas a ter ideias úteis se tiverem o que se chama *experiência de domínio*, ou seja, uma compreensão profunda da área na qual estão tentando inovar.[3]

Quando trabalhamos com gestores, gostamos de traduzir essas percepções para as seguintes regras gerais (ver Figura 7-1):

1. Fazer com que as pessoas busquem ideias nas áreas que elas *conhecem e gostam*.
2. Dentro disso, fazer com que as pessoas busquem ideias com *valor potencial* para a empresa.

A lógica disso é objetiva. Quando as pessoas são apaixonadas por um domínio específico, tentando constantemente aperfeiçoar a sua própria perícia no assunto, elas são muito mais propensas a *persistirem* com as ideias, levando-as a superar os contratempos inevitáveis. Quando as pessoas conhecem o domínio intimamente, suas ideias também são muito mais propensas a serem valiosas e viáveis. Finalmente, ao pedir para que elas vinculem as ideias de algum modo com os objetivos da empresa,

---

[3] Embora a originalidade e a utilidade pareçam similares, essas duas vantagens não são a mesma coisa. Em particular, a *originalidade* é uma faca com dois gumes: uma ideia original pode não ter sido descoberta por outras pessoas, mas originalidade também significa algo não tentado, não testado e arriscado. No setor de televisão, por exemplo, os editores de preparação podem afirmar que procuram ideias "originais" para programas de TV, mas muitas vezes eles realmente querem ideias dentro de um gênero seguro e comprovado que sejam *apenas* diferentes o bastante das ofertas existentes para evitar escaramuças legais quanto a direitos autorais. Esse lado obscuro da originalidade real é a razão de ser do mercado dos formatos de televisão como *Quem Quer Ser um Milionário* e similares. (Para ler mais sobre isso, ver Thomas Wedell-Wedellsborg, *The Market for Television Formats*, http://www.IAsUsual.com.)

você diminui o risco de elas escolherem um projeto de estimação para trabalhar e que não esteja alinhado com a estratégia da empresa.

FIGURA 7-1

Domínios das ideias úteis

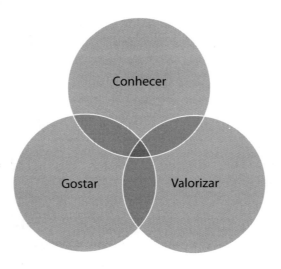

(A persistência passa a ser um traço ruim se as pessoas perseguirem ideias sem nenhuma esperança de criar valor para a empresa.)[4]

Dê às Pessoas Autonomia, Propósito e Companheiros de Equipe

Daniel Pink, em seu livro *Drive*, explica que além do desejo de dominar uma área de especialização, as pessoas também são motivadas por um propósito claro e pela autonomia que lhes foi dada, ou seja, o poder para decidir suas próprias ações.

---

[4] Esse último requisito, demonstrando o valor potencial, deve ser flexibilizado se você estiver procurando por ideias de longo prazo ou por ideias potencialmente inovadoras, já que o valor dessas ideias raramente será evidente para que sejam iniciadas. No entanto, conforme mencionamos, essa também é uma estratégia muito mais arriscada e raramente é adequada para as unidades de negócio comuns.

Dar um propósito para as pessoas pode ser tão simples quanto enfatizar que sua ideia atende aos objetivos maiores da empresa, seja salvando vidas, melhorando o mundo ou algo do gênero. No entanto, esse propósito maior não precisa ser de natureza épica. Em uma empresa para a qual trabalhamos, por exemplo, os gestores queriam conectar as pessoas por meio de silos organizacionais com o objetivo de melhorar a coordenação interna. Quando explicaram aos funcionários os motivos da nova iniciativa, os gestores realçaram apenas os benefícios previstos para a empresa. Eles também enfatizaram outro aspecto importante da iniciativa: ela permitiria que as pessoas conhecessem melhor os seus colegas, reforçando o espírito amistoso no escritório. Ter um senso de propósito não tem a ver com salvar o mundo; também pode se tratar de objetivos mais comuns, porém ainda respeitáveis.

Em relação à autonomia, quanto mais liberdade você puder dar para as pessoas para executarem suas ideias de inovação, mais motivadas elas tendem a ser. O que é mais importante, porém, é que a pesquisa demonstrou que essa autonomia não tem de ser acerca dos objetivos; as pessoas não se importam de perseguir propósitos definidos externamente, contanto que esses propósitos geralmente façam sentido. O que importa é que elas possam determinar por si próprias os *meios* e que não sejam gerenciadas quanto à maneira de abordar a tarefa de realizar a ideia.

Finalmente, se você tivesse que seguir sozinho por uma floresta escura, provavelmente ficaria tentado a voltar rapidamente, enquanto a presença de algumas companhias de viagem confiáveis poderia aliviar significativamente a experiência. Uma das alavancas mais poderosas para ajudar as pessoas a persistirem na busca de uma ideia é formar uma equipe pequena e coesa em torno dessa busca. Então, se os seus próprios funcionários não procurarem alguns aliados, certifique-se de conectá-los com uma ou duas outras pessoas para trabalharem na ideia, alavancando o poder da motivação social.

NutroFoods Bélgica Revisitada

Vimos em primeira mão o poder da motivação intrínseca enquanto trabalhamos com Marc Granger na NutroFoods Bélgica, o caso que discutimos no Capítulo 1. Enquanto Granger trabalhava para impulsionar a mudança cultural na subsidiária, ele optou por se concentrar bastante em promover a motivação intrínseca nos seus funcionários, obtendo grande sucesso. A maneira como ele fez isso merece alguma atenção, pois na posição de líder, se quiser alavancar a motivação interna você precisa atingir o equilíbrio correto entre liberdade e controle.

Primeiro, embora Granger deixasse as pessoas escolherem e conduzirem seus próprios projetos de inovação, ele não lhes dava liberdade total. Desde o início ele foi claro a respeito de uma coisa: os projetos que elas escolhessem tinham de apoiar o objetivo global, que era transformar a NutroFoods em um lugar melhor e mais inovador para trabalhar. A equipe de gestão tinha escolhido cuidadosamente esse objetivo estratégico; a empresa estava sofrendo com a alta rotatividade dos funcionários, então seria útil reduzir essa rotatividade, fazendo ao mesmo tempo com que as pessoas tomassem mais iniciativas e se abrissem para fazer as coisas de maneira diferente. Quando deu partida no processo, Granger explicou aos seus funcionários que havia se reservado o direito de contestar e interromper projetos, caso não conseguissem explicar como ele iria ajudá-los a atingir o objetivo.

No âmbito da restrição geral, porém, Granger fez o que pôde para proporcionar às pessoas o máximo possível em termos de oportunidade para seguirem suas próprias paixões e interesses. Ele não exigiu que elas trabalhassem em alguma coisa voltada para o cliente; muito pelo contrário, se as pessoas quisessem trabalhar em um problema interno, como muitas delas fizeram, estavam liberadas para tanto. Além disso, ele *não* exigia que todo mundo trabalhasse em um projeto. Sua filosofia era simples: "Isso pode ser algo orientado pela gestão. Eu disse aos meus funcionários que eles devem escolher um projeto em que acreditem verdadeiramente e considerem que vale a pena fazer. Se não quiserem participar, tudo bem. Se você não estiver bastante convicto da ideia para investir seu tempo nela, então provavelmente não vale a pena executá-la. Isso tem a ver com deixar a sua paixão motivar você – não o seu chefe. É uma oportunidade para construir um ambiente de trabalho melhor para você e seus colegas – mas você tem de agarrar a oportunidade".

Gerenciando pelo Exemplo

A princípio, as pessoas hesitaram em acreditar que Granger realmente lhes daria liberdade para escolher os próprios projetos. Conforme dissemos aos funcionários, todos admitiram achar inicialmente que se tratava apenas de uma fachada e esperavam que os gestores conduzissem e definissem os projetos, como faziam no passado. Granger descreveu um caso: "Em um dos grupos, os líderes de projeto chegaram depois de algum tempo e nos perguntaram o que havia sido decidido. Claramente, eles estavam esperando que disséssemos em quais projetos achávamos que era preciso dar prosseguimento. Dissemos a eles: 'Nenhum. Cabe a vocês decidirem em quais iniciativas querem se concentrar e solicitar o orçamento do qual necessitam.' Isso recolocou as coisas no lugar, eu acho".

À medida que Granger e sua equipe continuaram a reforçar a mensagem por meio de suas ações, as pessoas começaram gradualmente a acreditar na mensagem. Chegou um momento crucial, quando surgiu uma proposta para realizar um programa de equilíbrio entre o trabalho e a vida pessoal. Muitas pessoas queriam focar o equilíbrio entre o trabalho e a vida pessoal – frequentemente um tópico delicado a ser tratado com os gestores – e uma das equipes sugeriu a contratação de um *coach*[5] externo para treinar as pessoas nesse tópico. Inicialmente, Granger resistiu à ideia; quando a equipe lhe apresentou a proposta, ele contestou o sentido da mesma. Mas logo ficou claro que os seus funcionários eram verdadeiramente apaixonados pelo projeto e estavam dispostos a lutar para que ele se tornasse realidade. Era exatamente esse tipo de paixão que Granger esperava promover. Então, ele acabou autorizando o orçamento. Como nos contou um de seus funcionários:

---

[5] O **Coach** (treinador, em uma tradução literal) atua encorajando, apoiando e mantendo a motivação, incentivando o crescimento, o aumento de capacidades, habilidades, ação, conscientização de valores e maior controle emocional (inteligência emocional), por meio de técnicas que melhorem a performance profissional e pessoal, com foco em melhor qualidade de vida, visando à satisfação dos objetivos desejados.

"O pontapé inicial realmente foi um dia bom, mas para ser honesto ele não me convenceu de que a gestão estava verdadeiramente falando sério sobre mudar as coisas. No entanto, comecei a acreditar quando os grupos de projeto realmente recebiam todos os recursos para trabalhar. No meu grupo, a gestão autorizou a nossa proposta e o nosso orçamento, permitindo-nos passar três horas de trabalho no programa-piloto de equilíbrio entre trabalho e vida pessoal. *Isso* me fez acreditar que estavam falando sério sobre querer mudar as coisas".

Curiosamente, o projeto de equilíbrio entre trabalho e vida pessoal acabou sendo um grande promotor do sucesso da NutroFoods Bélgica. À medida que o experimento avançava, ficou claro que os funcionários de Granger conseguiam gerir a responsabilidade pela nova liberdade e, na verdade, a utilizaram para se tornar ainda mais produtivos. Um funcionário nos disse: "Na realidade, tenho trabalhado *mais* desde que mudamos para o novo modelo. Mas trabalho quando me convém, posso pegar meus filhos na escola fora do horário do *rush* e aproveito melhor o tempo". No final das contas, à medida que a iniciativa se desenvolveu, ela foi tão bem-sucedida na geração de resultados melhores e de novas ideias que vários outros países na Europa resolveram executá-la.

Ainda mais importante, a capacidade de Granger para alavancar a motivação intrínseca dos seus funcionários fez com que a iniciativa *durasse*. Como o processo estava bem encaminhado, uma abertura de vaga promoveu inesperadamente uma ascensão na empresa, e Granger foi promovido antes do prazo, obrigando-o a sair da NutroFoods Bélgica depois de apenas dois anos. Nesse ponto, a maior parte dos outros projetos de inovação provavelmente teria naufragado, especialmente os conduzidos pela alta gestão. Mas, como Granger havia trabalhado para criar um verdadeiro senso de propriedade em seu pessoal, eles persistiram na busca de uma nova cultura, apesar de sua ausência. Quatro anos e três gerentes nacionais depois, a inovação (e os resultados) na NutroFoods Bélgica ainda segue firme. (Veja também o quadro: "Motivação Intrínseca e Pontos de Asfixia")

2. Verificar o Destino: Não Ignore as Recompensas Extrínsecas

A motivação intrínseca é apenas uma parte do quadro; o avesso é o papel da motivação extrínseca, ou seja, as recompensas que podem advir para os inovadores como, por exemplo, os bônus, promoções e outros objetos de desejo mundanos. Além do prazer intrínseco que as pessoas podem obter da jornada ao longo do caminho criativo, o que vai acontecer com elas quando chegarem ao destino? Ou, aliás, o que acontecerá se trilharem o caminho, mas não conseguirem chegar ao destino nos vários casos em que as ideias que seriam promissoras simplesmente não funcionam?

Motivação Intrínseca e Pontos de Asfixia

A grande vantagem da motivação intrínseca é que ela pode fazer as pessoas lidarem com obstáculos ainda mais difíceis, levando a persistência a um nível que nem a arquitetura nem as recompensas podem vir a corresponder. No entanto, a energia necessária para transpor as barreiras é mais bem empregada avançando e pode haver alguns pontos de asfixia no caminho criativo que você deve tentar aliviar ou remover. À medida que olhar para o caminho, pergunte-se: Existem ligações fracas ou rompidas na cadeia de valor da inovação? Por exemplo, é fácil se conectar com os colegas, mas muito difícil obter acesso a financiamento? É demasiadamente difícil obter as aprovações formais para as novas ideias? É simplesmente impossível executar pequenos experimentos? Para cada um dos elementos principais do processo você precisa considerar se eles são gargalos na arquitetura comportamental. Em termos gerais, *não é* possível criar as condições perfeitas para a inovação, considerando que isso não é a sua prioridade número um. Mas é possível suavizar um pouco o caminho criativo nos momentos críticos. Abordando as passagens piores e preenchendo uma lacuna aqui e ali, os arquitetos da inovação podem progredir dando saltos enormes.

Curiosamente, quando se trata de criatividade e inovação o papel da motivação extrínseca é muito contestado. Muitos pesquisadores propõem a teoria de motivação da *arte pela arte*, ou seja, a crença de que com criatividade as pessoas não são motivadas por recompensas extrínsecas como o dinheiro ou as promoções, mas pela satisfação mais intrínseca de se envolver no ato criativo. Essa crença é quase uma religião em si mesma no mundo das artes, um domínio no qual "estar nisso por dinheiro" é considerado absolutamente mercenário, uma marca dos artistas inferiores. No domínio empresarial ela também tem um forte apoio, com muitos estudos científicos confirmando que a motivação intrínseca é importante até um ponto onde alguns concluíram que as recompensas extrínsecas são absolutamente perigosas. Considere esse pequeno conselho de um documento recente sobre pesquisa em criatividade: "Não se deixe cativar pela motivação extrínseca (por exemplo, dinheiro) como recompensa pelas produções criativas – o dinheiro corrompe! Em geral, a motivação para os atos criativos deve vir de dentro da pessoa (motivação intrínseca)".

Com afirmações como essa, provenientes em muitos casos de fontes respeitadas e bem estudadas, muitos gestores podem pensar que, para os seus funcionários, o trabalho criativo deveria ser a própria recompensa. Mas, embora a maior parte da pesquisa seja válida, há um problema ou dois nela. Como argumentamos aqui, existem boas razões para revisitar os sistemas de recompensa dos inovadores e verificar se você deveria aperfeiçoá-los.

Inovação é Trabalho Duro

Existe uma grande diferença entre criatividade e inovação: pela necessidade de sua execução, a inovação tende a envolver mais trabalho duro. Quando pensamos em inovação, tendemos a presumir que as pessoas adotaram o comportamento criativo prazeroso: sentar e ter ideias, mexer com um novo produto, sonhar com visões grandiosas, *brainstorming*. Mas não é esse o caso. Por exemplo, quando examinamos as atitudes que Jordan Cohen teve para criar a pfizerWorks, ficou claro que poucas dessas atividades eram basicamente ações *criativas*. O serviço da pfizer-Works em si certamente foi um trabalho criativo, considerado como um todo, mas quando você examina as partes componentes fica claro que muitas delas não são criativas, nem são particularmente prazerosas por si só: criar e gerenciar uma equipe, buscar apoio político, criar e gerenciar um orçamento, preparar apresentações, solicitar e incorporar opiniões e, por fim, conduzir com a devida dedicação. A lista pode ser considerada efetivamente como um exercício de Project Management 101.[6] Em todas essas ações as pessoas podem ser criativas em sua execução, assim como podem ser criativas quando se trata de desempenhar suas tarefas normais. Mas nada na natureza das próprias tarefas é particularmente criativo no sentido de que tendemos a pensar sobre trabalho prazeroso e criativo. Isso sugere que enquanto os inovadores podem se importar pouco com as recompensas extrínsecas logo no início do processo, esses fatores tendem a ser mais evidentes com o passar do tempo e na medida em que o trabalho fica mais caracterizado pela implementação e pelo trabalho voltado para a manutenção.

Essa também tem sido a nossa experiência pessoal. Quando Wedell-Wedellsborg criou sua segunda *start-up*, uma rede profissional de escolas de negócio de nível superior chamada 13 MBAs, a motivação intrínseca desempenhou um grande papel no início. No entanto, com o passar do tempo e com a introdução de uma quantidade cada vez maior e trabalho monótono, a motivação intrínseca murchou um pouco, cedendo às motivações extrínsecas mais corriqueiras como a necessidade de ganhar dinheiro. A motivação intrínseca é excelente para conseguir começar. A motivação extrínseca pode importar muito mais para terminar.

Limiares Variados para o Comportamento Criativo

Embora muitas pessoas argumentem em favor da teoria da *arte pela arte*, também há opiniões dissidentes e proeminentes entre os pesqui-

---

[6] **Project Management 101** descreve quatro coisas básicas que um gerente de projeto deve gerir com sucesso. Um gerente de projeto bem-sucedido deve gerir simultaneamente os quatro elementos básicos de um projeto: recursos, tempo, dinheiro, e mais importante, o escopo. Todos estes elementos estão interligados. Cada um deve ser gerido de forma eficaz. Todos devem ser geridos em conjunto para atingir o sucesso.

sadores. Um desses dissidentes é Robert Sternberg, um importante estudioso da criatividade e ex-reitor da Tufts University. Junto com seu colega Todd Lubart, Sternberg cunhou a conhecida "teoria do investimento" da criatividade, uma perspectiva enfatizando que promover a inovação não é apenas uma questão de aumentar o potencial criativo das pessoas. Ela pode ser encarada igualmente como uma questão de promover a sua disposição para *usar* esse potencial. Em um de seus artigos, Sternberg afirma que: "A nossa premissa fundamental é que a criatividade é, em grande parte, uma decisão que qualquer um pode tomar, mas que poucas pessoas realmente tomam por acharem o custo muito alto". Em outro artigo, ele coloca dessa forma: "As pessoas podem deixar de ser radicalmente criativas, não porque careçam de conhecimento, mas sim porque carecem do desejo de vivenciar o tipo de rejeição que a criatividade radical quase sempre traz consigo".

O que Sternberg salienta é que as pessoas têm limiares diferentes para tomar atitudes criativas. Por um lado, há pessoas como Richard Branson, da Virgin, que vão inovar independentemente do que aconteça. Tivesse Branson a infelicidade de ser encarcerado injustamente por alguns dias, você pode ter certeza de que o seu império logo incluiria uma cadeia de presídios Virgin. Por outro lado, a maioria das pessoas é mais hesitante do que isso para inovar. Se o seu ambiente de trabalho for algo parecido com as empresas com as quais trabalhamos, então para cada tipo criativo irrefreável e obstinado como Branson, provavelmente você conheceu de cinquenta a cem funcionários que *conseguem* ser criativos se as condições forem certas. Mas o fundamental nessas pessoas é que elas não vão agir assim se o custo pessoal da persistência for alto demais: elas podem ser criativas, mas não são tolas. Então, dado que os gestores comuns não conseguem substituir os seus funcionários por astros criativos – precisamos ter algum trabalho real entre toda a inovação – muitas vezes pode fazer mais sentido, como Sternberg aconselha, trabalhar para "aumentar as recompensas e diminuir os custos" de adotar atitudes criativas individuais.

As Recompensas são Fatores de Higiene

Mesmo se Sternberg e outros proponentes das recompensas extrínsecas estivessem errados, ainda há o aspecto da motivação com o qual a maioria das pessoas concorda, quer dizer, o status das recompensas como *fatores de higiene*, um conceito que foi formulado por um dos primeiros estudiosos de gestão, Frederick Herzberg. O que a ideia dos fatores de higiene (por exemplo, segurança no emprego, salário, benefícios etc.) transmite é que alguns elementos, embora não ativamente motivadores por si só, ainda conseguem criar *insatisfação* se estiverem abaixo de um determinado limiar ou se forem brutalmente injustos em comparação com os colegas.

Considere a questão do plano de carreira dos inovadores. Como constatou uma equipe de pesquisadores do Rensselaer Polytechnic Institute, a maioria das empresas não proporciona boas oportunidades de carreira para os inovadores internos. Um dos participantes da pesquisa, pertencente a um centro de inovação de uma grande empresa de produtos de consumo, explicou: "Eu podia ajudar a lançar US$4, US$5, US$6 bilhões em negócios ao longo dos próximos cinco anos e não seria promovido a uma posição de liderança nessa empresa". Devido a esse estado de coisas, realmente não é possível culpar as pessoas por se esquecerem da inovação e buscarem maneiras mais seguras para ser promovidas, como fazer as coisas como sempre foram feitas, por exemplo.

Na sua empresa, como os inovadores se comportariam em relação ao dinheiro, carreira e prestígio, em comparação com as pessoas que aderem ao comportamento de fazer as coisas como sempre foram feitas? O que a perspectiva do fator de higiene sugere é que os inovadores não precisam necessariamente ser melhores do que as pessoas que não inovam, mas se forem consideravelmente piores, então muitas pessoas não vão inovar. Na sua empresa as pessoas são punidas por inovarem?

Definir o Fracasso com Cuidado

A questão de definir o fracasso aceitável (ou perda aceitável) está intimamente relacionada. Uma das muitas noções da Brainstorm Island é que devemos "comemorar o fracasso", mas quando os gestores seguem esse conselho irrefletidamente eles podem ter um monte de problemas. Por exemplo, Robert, um gestor com o qual trabalhamos, disse em uma palestra para os seus funcionários que a empresa e a equipe de gestão "se tornariam melhores ao comemorar os fracassos". As pessoas gostaram de ouvir isso, é claro, mas dois meses depois Robert teve de demitir parte dos seus vendedores devido a desvios éticos. Isso criou uma grave reação adversa entre os funcionários, com muitos deles achando Robert um hipócrita.

O fracasso é companheiro da inovação, mas não é uma boa coisa por si, e "comemorar" o fracasso, exceto se for feito de maneira adequada, pode parecer rapidamente falso ou fora de sintonia com a cultura da empresa. Por essa razão, os gestores precisam definir que *tipo* de fracasso é (ou não) aceito, especificando como as pessoas devem distinguir entre os dois. Robert não estava errado ao demitir os vendedores, e também não estava errado ao estimular as pessoas a experimentarem novas ideias. Seu erro foi que ele não explicou, em primeiro lugar, o que queria dizer com "fracasso". Assim como os arquitetos da inovação têm de definir o sucesso quando criam a estratégia de inovação, eles precisam esclarecer o que é e o que não é um fracasso aceitável. (Veja o quadro "A Inovação Deveria ser um Risco para os Funcionários?")

A Inovação Deveria ser um Risco para os Funcionários?

Alguns especialistas em inovação sugerem que as empresas deveriam procurar inovar sem correr riscos, efetivamente deixando sobre o ombro das empresas todos os riscos e recompensando os inovadores, independentemente de eles fracassarem ou não.

Acreditamos que a questão é mais sutil. A inovação é inerentemente mais arriscada do que deixar as coisas como estão e não há nada de bom no risco. Ao inventar a lâmpada, Thomas Edison pode ter tido recursos para fracassar dez mil vezes, mas provavelmente não é isso que acontece com você ou seus funcionários. Devido à desvantagem de deixar a "bola cair" nas suas obrigações empresariais normais, dar carta branca para as pessoas inovarem pode criar um incentivo infeliz para abraçar um volume de risco grande demais. Por essa razão, contanto que a punição pelo fracasso não seja excessivamente debilitante, não há nada de errado em deixar os seus funcionários compartilharem *um pouco* do risco de inovar. Uma maneira de posicionar a escolha de inovar é fazer com que os seus funcionários pensem sobre isso como um plano de carreira de risco e recompensa mais elevados em comparação com a não inovação. Se os riscos e as recompensas pessoais da inovação forem convenientemente equilibrados, a escolha de inovar será atraente para alguns dos seus funcionários, mas não para todos, o que é exatamente o que você deveria almejar, pelo menos nos projetos de inovação que vão além de puramente incrementais.

Em resumo, quando se trata de recompensa, considere o seu grupo de funcionários e depois se concentre na grande intermediária. Esse grupo tem o potencial real para promover mais inovação, pois para eles a criatividade não é uma impossibilidade nem uma compulsão. Para eles, criatividade é uma escolha. Então, o que faz as pessoas realizarem essa escolha? Por um lado, sendo pessoas inteligentes, elas querem uma garantia razoável de que não se perderão na floresta. Se essas pessoas, em pé na encruzilhada, conseguirem ver que o caminho criativo está repleto de corpos de inovadores pregressos, elas vão abandonar suas ideias e voltar diretamente para o caminho da mesmice. Se, por outro lado, houver sinais claros de que os inovadores de sucesso são bem recompensados, que os inovadores fracassados não são tratados de uma maneira *tão ruim* e que os inovadores atuais não são feitos para atravessar o inferno, então eles poderiam trilhar o caminho criativo com mais frequência, abraçando a inovação como rotina.

Conclusão: Itens de Ação Sugeridos

Neste capítulo, discutimos o comportamento fundamental dominante: ajudar as pessoas a *persistirem*. Para aumentar a probabilidade dos seus funcionários manterem a busca pela inovação como parte integrante de suas vidas profissionais, seguem alguns indicadores:

- Encontre maneiras de aproveitar a motivação intrínseca que as pessoas já possuem. Você consegue identificar pessoas que se alinhem com o que conhecem e gostam de fazer? Diante disso, consegue direcioná-las para se concentrarem nas prioridades estratégicas?
- Examine as recompensas extrínsecas para os inovadores (incluindo os que fracassam) e compare-as com as recompensas dos não inovadores. Há uma relação razoável entre elas?
- Você pode fazer experimentos limitados com vários incentivos para inovar visando aprender o que funciona na sua situação e para os seus funcionários?

EPÍLOGO

O PROBLEMA DA MANHÃ DE SEGUNDA-FEIRA

O QUE VOCÊ VAI FAZER NOS PRÓXIMOS VINTE MINUTOS É A DIFERENÇA ENTRE O FRACASSO E O SUCESSO

Assim como as ideias, os livros precisam ser mais do que instigantes. Para ter impacto, eles também precisam provocar *ação*. Se não conseguirem isso, independentemente da sua possível excelência em outros aspectos, tudo o que eles conseguem criar é um sentimento morno e confuso que vai desaparecer rapidamente no nada. Por essa razão, queremos terminar este livro falando sobre o maior perigo para a inovação. Nós o chamamos de *problema da manhã de segunda-feira*, que está relacionado com o que você faz logo depois de colocar este livro de lado. Especificamente, o que vai fazer nos próximos vinte minutos da sua vida pode ser crucial para o seu sucesso como arquiteto da inovação.

O problema da manhã de segunda-feira é um fenômeno que pessoalmente conseguimos compreender quando executamos pela primeira vez os cursos de formação. No último dia dos cursos, normalmente uma sexta-feira, os participantes ficavam entusiasmados com a inovação, cheios de ideias e planos de como fazer a inovação acontecer em suas empresas. (Você pode ter sentido isso se participou algumas vez de um bom curso ou seminário.) Mas, depois, quando acompanhamos o que os participantes estavam fazendo após o curso, descobrimos que muitos deles nunca realizaram *nenhum* dos seus planos. O que frustrava suas ambições não era a falta de percepções ou ideias, ou qualquer um dos assuntos que discutimos no livro. Era ainda mais simples e fatal: eles nunca tinham começado. Assim como as resoluções de Ano Novo, seu nascente desejo de inovar havia murchado depois de exposto ao brilho áspero da vida diária. A manhã de segunda-feira havia chegado.

A essência do problema da manhã de segunda-feira é que, em um sentido, você não é uma pessoa única e coerente. Pelo contrário, os estudiosos da pesquisa comportamental estão concluindo que em certos aspectos todos nós estamos sofrendo de um tipo brando de distúrbio de múltipla personalidade: dependendo da hora e da situação, portamos várias personalidades diferentes, cada uma com objetivos e desejos diferentes. As pessoas que tentam perder peso conhecem a sensação; uma parte de você quer ser saudável, em forma e ter um aspecto bom em uma roupa de banho. A outra parte de você quer apenas mais um biscoito. Com demasiada frequência, quando estamos diante do balcão da confeitaria e no momento da verdade, a personalidade que ama biscoitos está no comando do carro, enquanto a personalidade maníaca por saúde está presa no porta-malas.

Em nossos programas de treinamento de executivos, solucionamos o problema da manhã de segunda-feira apenas quando começamos a abordá-lo de maneira específica, acrescentando ao programa principal coisas como programas de orientação e sistemas de acompanhamento de cem dias. Por essa razão, temos uma pergunta simples e prática para lhe fazer: se você decidiu buscar a inovação, qual vai ser o seu próximo passo? Olhando para os próximos cinco a dez dias úteis, como vai se certificar de que a inovação vai acontecer?

Se a sua resposta for "força de vontade", você pode estar com problemas. É perigoso pensar que a sua própria determinação e desejo serão suficientes para escapar da inércia de fazer as coisas como sempre foram feitas. Sabemos não só pela experiência, mas também a partir da pesquisa, que a autodisciplina não tem um histórico forte. É provável que depois que colocar este livro de lado e chegar à manhã de segunda-feira você também seja capturado pelas fortes e implacáveis correntes do seu trabalho diário. O ponto de partida para se transformar em um arquiteto da inovação, portanto, é dar uma olhada na sua própria situação: O que está o impedindo, pessoalmente, de focar na inovação? O que você pode fazer a respeito disso? Como pode deixar de ser mais uma vítima do problema da manhã de segunda-feira?

Propomos uma solução única e eficaz: *envolva* outra pessoa. Uma vez ou outra, quando examinamos os arquitetos da inovação bem-sucedidos a partir dos nossos estudos, eles começaram suas jornadas rumo à inovação como rotina com um único passo: envolvendo mais alguém. Mais tarde, todos esses gestores criariam um número maior de rotinas de inovação mais fortes em suas vidas, mas todos eles começaram pelo fator mágico: outra pessoa.

Então, nossas sugestões finais são:

1. **Faça um plano simples agora.** Passe os próximos cinco a dez minutos planejando o primeiro passo. Faça um plano específico, com data e hora, sobre o que fará em seguida.
2. **Encontre um parceiro.** Identifique alguém no seu ambiente de trabalho que possa ser seu parceiro no crime. A pessoa pode ser qualquer um: um colega, um subordinado ou um superior com o qual você mantenha boas relações. O principal é que essa pessoa faça parte do seu ambiente diário para que você tenha oportunidade para realizar reuniões rápidas e informais e que ambos possam se ajudar a manter o ímpeto.
3. **Marque a primeira reunião antes de colocar este livro de lado.** Contando vinte minutos a partir de agora, você deve ter entrado em contato com essa pessoa. Chame-a, marque uma reunião ou almoço, tomem café juntos. E, é claro, considere a possibilidade de comprar uma cópia deste livro para a pessoa, de modo que vocês estejam conceitualmente na mesma página. (Diabos! Compre o livro para a empresa toda.)

Acima de tudo, seja humilde. Não tente envolver três ou quatro pessoas. Comece com uma ou, no máximo, duas. Incluir mais de duas pessoas cria a necessidade de agendar formalmente as reuniões, acabando com o seu ímpeto.

Com esse pequeno e último conselho, agora você está equipado para assumir o papel de arquiteto da inovação, liderando a jornada rumo a um futuro melhor, mais brilhante e mais criativo. Esperamos que em breve você revele o pleno potencial dos seus funcionários, vendo-os avançar rumo ao amanhã da empresa e transformando grandes ideias em realidade.

Paddy Miller
Thomas Wedell-Wellsborg
Nova York, março de 2013

APÊNDICE A

LEITURA COMPLEMENTAR

Nesse apêndice recomendamos alguns livros para os leitores que querem ou precisam se aprofundar ainda mais na literatura sobre inovação. Optamos deliberadamente por limitar a quantidade de recomendações sobre cada tópico; de acordo com a nossa experiência, se você recomendar um livro as pessoas poderiam lê-lo, mas se recomendar dez livros, provavelmente elas não vão ler nenhum deles. A lista também está disponível em nosso *site* (www.IAsUsual.com), com links diretos para os vários livros e artigos.

Foco

A ideia de direcionar a busca pela inovação abrange muitos aspectos, desde o estabelecimento de objetivos claros até o desenvolvimento de uma estratégia de inovação completa. Seguem alguns recursos para se aprofundar ainda mais nesse aspecto da busca pela inovação.

- **Estratégia em geral.** Em seu artigo "Can You Say What Your Strategy Is?" (*Harvard Business Review*, abril de 2008), David J. Collins, coautor com o falecido Michael G. Rukstad, fornece um arcabouço simples e poderoso para definir o que é realmente a estratégia e como os gestores podem comunicá-la. Embora não discutam a inovação como tal, o artigo é uma leitura importante se você (ou seus colegas) não tiverem uma compreensão clara, compartilhada e operacional da estratégia.

- **Estratégia de inovação.** Um autor que abordou a estratégia de inovação em vários livros e artigos é Scott Anthony, especialmente no livro *The Innovator's Guide to Growth*, com a coautoria de Mark Johnson, Joseph Sinfield e Elizabeth Altman (Harvard Business Press, 2008). Os autores se concentram principalmente na elaboração de novos serviços e produtos para clientes (e não clientes), falando pouco sobre a inovação interna, mas vale a leitura.
- **Modelos de negócio.** Uma boa fonte para mapear o seu modelo de negócio é fornecida por Alex Osterwelder e Yves Pigneur em *Business Model Generation* (Wiley, 2010), no qual Osterwelder, Pigneur e seus muitos coautores desenvolveram o conhecido modelo de negócio Canvas.
- **Jornadas.** Uma alternativa é simplesmente mapear as diferentes jornadas que ocorrem na sua empresa: os produtos de acordo com o seu fluxo pela empresa, os clientes do modo como entram em contato com o seu produto ou os seus funcionários à medida que trabalham juntos na empresa. O mapeamento de cada jornada pode ajudá-lo a identificar novas áreas na busca pela inovação.

Conectar

O comportamento fundamental de *conectar* aproveita muitos arcabouços diferentes, cobrindo a ideação, os métodos etnográficos, a inovação aberta e outros.

- **Intermediação tecnológica e inovação recombinante.** O livro de Andrew Hargadon, *How Breakthroughs Happen* (Harvard Business School Press, 2003) é um guia detalhado para o estudo da origem das ideias e de como as empresas têm mais sucesso em encontrá-las.
- **Estudo dos consumidores e descobrimento dos pontos negativos.** Recomendamos dois clássicos e um livro mais recente para compreender mais sobre pesquisa do consumidor:

LEITURA COMPLEMENTAR

- *Hidden in Plain Sight*, de Erich Joachimsthaler (2007, Harvard Business School Press) é um guia forte e detalhado para as várias maneiras de estudar os consumidores e clientes. É uma excelente leitura para as pessoas que vão trabalhar com etnografia profissionalmente.
- *Why We Buy: The Science of Shopping* de Paco Underhill (Simon & Schuster, 1999), fornece um estudo de caso fascinante sobre os comportamentos de compra das pessoas, detalhando o poder (e a aplicação comercial) da etnografia. Sua opinião sobre os corredores de compras estreitos nunca mais será a mesma.
- *The Design of Everyday Things*, de Donald A. Norman (Basic Books, 2002) é outro clássico que deveria ser uma leitura obrigatória para todos. É uma excelente introdução aos pontos negativos básicos; por exemplo, de quantas maneiras ruins você pode projetar uma *porta*?
- Obter ideias de fora
  - O livro de Vijay Govindarajan e Chris Trimble, *Reverse Innovation* (Harvard Business Review Press, 2012), compartilha exemplos instigantes sobre como as empresas exploram os mercados em desenvolvimento para encontrar ideias radicalmente novas.
  - Para acessar um estudo de como uma (grande) empresa executou a inovação aberta, leia o livro *The Game* Changer (Crown Business, 2008) de A. G. Lafley e Ram Charan. Os livros de Clay Shirky sobre colaboração também valem a pena, por exemplo, *Here Comes Everybody* (Penguin Press, 2008).
  - O trabalho de Richard Florida sobre as cidades como mecanismos de criatividade oferece uma abordagem diferente sobre inovação colaborativa; comece com *Rise of the Creative Class* (segunda edição revisada, publicada em 2012 pela Basic Books) ou confira o seu blog no *site* da The Atlantic (http://www.theatlanticcities.com/).
- Intersecções. O livro de Frans Johansson, *The Medici Effect* (Harvard Business School Press, 2004), fornece conselhos práticos sobre como acessar completamente as novas áreas de conhecimento;

o livro é escrito em um estilo muito divertido. Seu novo livro, *The Click Moment*, também vale a pena ser lido (Portfolio Hardcover, 2012).

- *Layout* de escritório. Para os leitores interessados na arquitetura física do ambiente de trabalho, o livro de Thomas J. Allen e Gunter Henn, *The Organization and Architecture of Innovation*, é um passeio ilustrado sobre como várias empresas mudaram o *layout* dos seus escritórios para promover a interação entre as pessoas (Butterworth-Heinemann, 2006).

Ajuste

- Mapeamento das suposições. Em *Discovery-Driven Growth* (Harvard Business Press, 2009), Rita McGrath e Ian MacMillan fornecem um arcabouço prático, com visão empresarial, para trabalhar com ideias nebulosas e esclarecer suposições ocultas. Ótimo para os executivos que querem trabalhar de modo mais sistemático com o desenvolvimento de ideias.
- Desenvolvimento e giro de clientes. Steve Blank e seus conceitos de desenvolvimento de clientes, giro e outros são um evangelho e uma palavra de ordem para uma multidão de *start-ups*. Veja o seu blog em www.steveblank.com para ter uma noção das suas ideias e se você gostar considere a possibilidade de adquirir *Four Steps to the Epiphany* (Cafepress.com, 2005). O livro de Eric Ries, *The Lean Startup* (Crown Business, 2011) também vale a pena ser lido.
- Raciocínio de prototipagem e design. Os vários livros da IDEO são ótimos pontos de partida, especialmente os clássicos *The Art of Innovation* (Crown Business, 2001) e *The Ten Faces of Innovation* (Currency/Doubleday, 2005), ambos escritos por Tom Kelley e Jonathan Littman. O livro mais recente de Tim Brown, *Change*

LEITURA COMPLEMENTAR

by Design (HarperBusiness, 2009) também é uma boa introdução à disciplina.

- **Reenquadramento do problema.** As ferramentas práticas para o reenquadramento não estão disponíveis abundantemente na literatura de negócios, porém alguns pontos de partida bons são:
  - O artigo HBR, "Breakthrough Thinking from Inside the Box," de Kevin P. Coyne, Patricia Gorman Clifford e Renée Dye, fornece exemplos práticos e orientação sobre como reenquadrar a busca pelas ideias (Dezembro de 2007), assim como outro artigo HBR, "Are You Solving the Right Problem?", de Dwayne Spradlin (Setembro de 2012).
  - O livro de Clayton Christensen e Michael Raynor, *The Innovator's Solution* (Harvard Business School Press, 2003), detalha o arcabouço "tarefas a serem realizadas", que é uma boa ferramenta para analisar e repensar em detalhes as necessidades do consumidor.
- **Tentativa de Ajuste.** "The Tweaker", o artigo de Malcolm Gladwell sobre Steve Jobs para o *New Yorker* de Novembro de 2011, fornece alimento para o raciocínio e alguns exemplos de tentativa de ajuste em ação. A biografia homônima de Steve Jobs escrita por Walter Isaacson também é excelente e inspiradora (Companhia das Letras, 2011).

Selecionar

- **Um panorama global da seleção de ideias.** Para os novatos na disciplina de seleção de ideias, recomendamos começar pelo livro de Joe Tidd e John Bessant, *Managing Innovation* (Wiley, 2009), especialmente os Capítulos 7 a 9, que oferecem um excelente panorama global das diversas ferramentas, técnicas e abordagens utilizadas atualmente.
- **Cadeia de valor da inovação.** O artigo HBR de Morten T. Hansen e Julian Birkinshaw, "The Innovation Value Chain," de junho de

2007, fornece alguns conhecimentos importantes sobre filtragem de ideias e uma estrutura de diagnóstico útil que pode ajudar a avaliar o ecossistema de inovação da sua empresa.

- **Métrica e sistema de recompensa.** *Making Innovation Work*, por Tony Davila, Marc Epstein e Robert Shelton (Pearson Prentice-Hall, 2005) é um guia sistemático e prático para as ligações entre estratégias, processos, métrica e incentivos que cercam a inovação empresarial.
- **Mais sobre métrica da inovação.** O Capítulo 10 do livro *Innovator's Guide to Growth*, de Scott D. Anthony, Mark W. Johnson, Joseph V. Sinfield e Elizabeth J. Altman, fornece uma discussão perspicaz da métrica da inovação e algumas das armadilhas associadas (Harvard Business Press, 2008).
- **Competições de inovação.** O livro de Christian Terwiesch e Karl Ulrich, *Innovation Tournments* (Harvard Business Press, 2009) fornece detalhes sobre um tipo específico de filtragem de ideias, especialmente a criação de competições de ideias parecidas com os programas de talentos da TV. O livro contém várias lições importantes sobre filtragem de ideias.
- **Processos por etapas (*stage-gate*).** O trabalho de Robert G. Cooper sobre desenvolvimento de novos produtos é uma fonte profunda de informações para as pessoas que precisam estabelecer processos por etapas e sistemas de filtragem complexos similares. Comece pelo *site* de Cooper e seu colega Scott Edgett: www.prod-dev.com.
- **Tendências decisórias.** Dos muitos livros sobre tendências decisórias humanas, o de Daniel Kahneman, *Thinking, Fast and Slow* (2011, Farrar, Straus e Giroux), é um dos melhores e mais intelectualmente instigantes.
- ***Crowdsourcing.*** Embora não seja um livro de negócios, *The Wisdom of Crowds*, de James Surowiecki (Doubleday, 2004), é uma boa introdução aos fundamentos de utilização das massas para filtrar ideias.

LEITURA COMPLEMENTAR 183

Stealthstorm

- **Inovando nas grandes empresas.** O livro de Vijay Govindarajan e Chris Timberlake, *The Other Side of Innovation* (Harvard Business Review Press, 2010), fornece conselhos perspicazes e práticos sobre os perigos e atalhos na execução de projetos de inovação nas empresas grandes e políticas, com um foco particular na fase de execução, frequentemente ignorada.
- **Inovação na prática.** O livro *The Little Black Book of Innovation* (Harvard Business Review Press, 2011), de Scott Anthony, guia o leitor através de 28 lições úteis sobre inovação, compartilhando vários conhecimentos sobre percorrer o cenário político da empresa. Muito prático e acessível; ótimo para os profissionais ocupados.
- **Narrativa.** O livro de Klaus Frog e Christian Budtz, *Storytelling: Branding in Practice* (Springer, 2010), fornece algumas ferramentas práticas e técnicas para elaborar e compartilhar histórias eficazes, particularmente com o objetivo de fazer marketing e branding.
- **Poder.** O livro *Power: Why Some People Have It and Others Don't* (HarperBusiness, 2010), de Jeffrey Pfeffer, é um guia excelente para compreender a *realpolitik* organizacional.
- **Comunicação.** *Made to Stick*, de Chip Heath e Dan Heath (Random House, 2007), também fornece conselhos inestimáveis sobre moldar uma comunicação eficaz.

Persistir

O capítulo sobre persistência é altamente pautado pela pesquisa sobre mudança de comportamento.

- **Motivação em geral.** O livro de Daniel Pink, *Drive* (2009, Riverhead), fornece uma introdução à motivação facilmente acessível, com um foco particular no comportamento criativo e em recomendações práticas.

- **Motivação no trabalho.** O trabalho de Terese Amabile sobre motivação é um dos estudos mais rigorosos da criatividade diária nas empresas. Seu livro recente escrito com Steven Kremer, *The Progress Principle*, destaca como os gestores podem aumentar a motivação permitindo o progresso das pessoas (Harvard Business Review Press, 2011).
- **Mudança de comportamento.** O livro de Chip Heath e Dan Heathm *Switch* (2010, Crown Business) é um dos melhores sobre o tema da mudança de comportamento. *Influencer*, de Kerry Patterson, Joseph Grenny, David Maxfield, Ron McMillan e Al Switzler, é uma ótima leitura suplementar (McGraw-Hill, 2007).
- **Formação de hábitos.** *The Power of Habit* (Random House, 2012), de Charles Duhigg, fornece um tratamento profundo a respeito do que são os hábitos e como você pode trabalhar para formar hábitos novos.
- **Ajustes finos e arquitetura da escolha.** *Nudge* (Yale University Press, 2008), de Richard H. Thaler e Cass R. Sunstein, fornece um estudo fascinante e abrangente sobre ajustes finos, arquitetura da escolha e tendências humanas; eles enfocam principalmente as questões relacionadas ao governo e ao serviço público, não às empresas.
- **Design de comportamento.** O trabalho de B. J. Frogg sobre design do comportamento é um arcabouço prático para pensar sobre o comportamento das pessoas – e modificá-lo; para aprender mais, visite o *site* www.bjfogg.com.
- **Sistemas de recompensa em geral.** Steve Kerr escreveu um livro curto e prático sobre sistemas de recompensa, chamado simplesmente *Reward Systems: Does Yours Measure Up?* (Harvard Business Press, 2008). É um guia prático para os gestores que estão concebendo ou ajustando seus sistemas de incentivo.

APÊNDICE B

DEFINIÇÃO DE INOVAÇÃO

A literatura oferece muitas definições de inovação diferentes, algumas mais complexas do que outras. Para ser prático, gostamos de usar a seguinte definição fácil de lembrar:

Inovação = Criar resultado fazendo coisas novas

Aqui temos alguns elementos-chave da nossa definição:

Inovação se trata de ação. Alguns especialistas definem inovação como um novo produto ou serviço criado; outros se preocupam em pensar de maneira diferente. Adotamos uma perspectiva comportamental da inovação, concentrando-nos no fato de que as pessoas – seus funcionários, parceiros, clientes ou todos os três – precisam mudar o seu comportamento para que a inovação aconteça. Uma coisa é ajudar as pessoas a pensarem de forma diferente; o verdadeiro desafio é ajudá-las a agir de modo diferente.

Inovação envolve fazer alguma coisa *nova* ou diferente e, em certo sentido, é aí que começa o problema. "Fazer as coisas como sempre foram feitas", ou seja, o oposto da inovação é basicamente quando as pessoas criam resultados fazendo coisas *antigas e bem conhecidas*, o que é realmente bom, contanto que elas façam o trabalho. As dificuldades começam quando as pessoas têm de ir além desse ponto, ou seja, de fazer as coisas como sempre foram feitas, pois o "novo" não significa apenas excitante ou promissor, mas também significa que não foi tentado, não foi testado e, portanto, é arriscado. Além disso, a inovação não precisa ser nova para o mundo inteiro (situação em que provavelmente ela é muito arriscada). Para o nosso propósito neste livro, o que conta é que a inovação seja nova *para as pessoas envolvidas* e que não existam processos estabelecidos disponíveis para inovar.[1]

Inovação se trata de criar resultados. No nível individual, as pessoas podem perseguir a inovação puramente por ser inovação. Mas, de uma perspectiva empresarial, a inovação é e deve ser um meio para atingir um fim; ela tem que criar valor ou atender a um propósito útil. Conforme abordamos no Capítulo 2, a definição desse propósito – e certificar-se de que ele se conecta com os objetivos estratégicos abrangentes da empresa – é uma parte importante do que os arquitetos da inovação fazem. Visivelmente, "resultados" podem significar coisas diferentes, dependendo do que a sua empresa faz; por exemplo, crescimento, reduções de custos, vidas poupadas, maior sustentabilidade ou até mesmo a sobrevivência do negócio. Mas, no fim do dia, a inovação deve fazer uma diferença mensurável. Como afirma Scott Anthony, um especialista em inovação e outro proponente de definições curtas: "Sem impacto, sem inovação".

Trabalhando com as Definições na Prática

Definir inovação não é relevante apenas no contexto deste livro. Também é uma questão prática, pois no início de qualquer jornada de inovação alguém vai levantar a mão e perguntar: "O que você quer dizer exatamente com inovação?".

---

[1] Por exemplo, geralmente você não precisa de habilidade de inovação para executar um sistema de software empresarial na sua empresa, pois se trata em grande parte de um processo bem compreendido com orientações passo a passo claras. No entanto, você pode precisar de terapia e/ou de longas férias.

DEFINIÇÃO DE INOVAÇÃO

Você e seus funcionários precisam ter um entendimento comum do que a palavra significa. E como a definição não é uma verdade universal, mas sim uma ferramenta que deve ser útil no contexto da sua situação específica, o consenso em torno da definição exata e detalhada exigirá alguma discussão entre as pessoas que vão fazê-la acontecer. É aí que mora o perigo da "paralisia pela análise", especialmente se alguns dos seus funcionários gostarem muito de debater pontos de pouca importância (e, realmente, quem não faz isso?). Vimos alguns líderes perderem o foco nas reuniões porque abriram essa caixa de Pandora cedo demais e se perderam em uma névoa de argumentos a respeito das diferenças terminológicas mais sutis entre "percepções" e "ideias". A hora e o lugar para esse tipo de discussão raramente é bem no início do processo.

Por essa razão, quando você começar a jornada, recomendamos que se atenha à definição que fornecemos. Pense nessa definição como um marcador de posição: um marcador que permita que as pessoas comecem a avançar e que irá fazer o trabalho até se tornar necessário (e possível) criar uma definição mais detalhada que funcionará para você. No início, simplifique, mova-se.

APÊNDICE C

QUATRO BOAS RAZÕES PARA INOVAR

Cedo ou tarde os seus funcionários farão a pergunta "Por que precisamos inovar?". Seguem algumas considerações sobre qual deveria ser a sua resposta – e qual não deveria ser.

"No ambiente empresarial cada vez mais lento e cada vez menos competitivo dos dias de hoje..." Tanto quanto gostaríamos de ter começado o nosso livro com essa afirmação, teríamos dificuldades para defendê-la. Se você frequentou empresas, provavelmente já ouviu o seu quinhão dos sermões a respeito de *burning-platform*,[1] inovar ou morrer e lembra-se do que aconteceu com os dinossauros, todos apontando o que a maioria dos gestores já sabe, ou seja, que a inovação é um impulsionador-chave do crescimento, enquanto a *falta* de inovação trará cedo ou tarde consequências fatais para uma empresa.[2]

Esses tipos de argumento são um marco de como os gestores tentam motivar o seu pessoal para inovar. Não vamos repetir nenhum deles aqui,

---

[1]   **Burning-platform** é o sub-conjunto dos *disparadores de mudanças* que em um dado momento vêm a causar uma necessidade imperiosa de mudança em uma determinada empresa.

[2]   A título de observação, a popular invocação dos dinossauros como perdedores na história beira o divertimento involuntário; é como se nós, mamíferos, evoluíssemos e inteligentemente superássemos a concorrência direcionando um cometa para a Terra. Na verdade, analisando o placar da história, os dinossauros governaram a Terra por milênios, só morrendo devido a um acidente cósmico totalmente além do controle de qualquer um. Em comparação, a humanidade governou uma fração desse tempo e é provável que a nossa extinção venha a ser completamente orquestrada por nós mesmos. Talvez seja hora de revermos a nossa humilde opinião sobre os dinossauros?

pois embora sejam verdadeiros, são em grande parte argumentos para *empresas*, não para pessoas. Afinal de contas, as empresas são abstrações; só as pessoas veem, sentem, vivem e pensam, ou são motivadas para inovar. Isso significa que fazer a inovação acontecer não se trata apenas de se colocar na confortável posição do CEO e adotar uma perspectiva das coisas com boa visão. Primeiro você tem de se colocar no lugar dos seus funcionários e ver o mundo com os olhos deles. Depois que fizer isso, fica claro que o problema real não é o porquê da inovação ser importante para a empresa, mas por que a inovação é importante para *eles*? Por que os seus funcionários não deveriam apenas continuar trilhando o caminho de fazer as coisas como sempre foram feitas e deixar a inovação para outra pessoa qualquer? E, a propósito, por que você não deveria fazer isso também?

Acreditamos que há pelo menos quatro fortes razões pessoais para a busca da inovação como rotina; compartilhe-as à vontade.

1. **A inovação pode ajudar as pessoas a alcançarem e superarem suas metas, ainda nesse trimestre.** O tipo de inovação sobre a qual falamos neste livro não envolve grandes novidades, dignas de receber o Prêmio Nobel. Trata-se de ideias mais simples, mais rápidas e de baixo risco que podem criar resultados melhores para a sua empresa, aqui e agora, ou pelo menos em alguns trimestres. Assim, seus funcionários devem buscar a inovação como rotina porque ela pode ajudá-los a *vencer*.

2. **A inovação pode tornar o trabalho das pessoas mais gratificante.** Com um pouco de sorte, seus funcionários já consideram o seu trabalho mais prazeroso. Todavia, tem sido notável testemunhar como a inovação pode fazer uma diferença para a qualidade de vida das pessoas no trabalho. Não se engane, a inovação *nem* sempre é um passeio na Disneylândia; ela envolve muitos fracassos e frustrações também. Contudo, a maioria das pessoas com as quais trabalhamos considera a inovação uma fonte profunda, tanto de energia quanto de satisfação. Jordan Cohen nos contou como a decisão de criar a pfizerWorks afetou a sua vida: "Estou começando a fazer coisas que

jamais imaginei que seria capaz de fazer. Isso ampliou minhas capacidades de liderança e estou começando a experimentar coisas, aprender com essas tentativas e realizar mudanças, de modo que possa ver as coisas funcionarem. Toda manhã eu me apresso para ir trabalhar por causa disso. E acho que meus filhos mudaram o seu pensamento de que 'o trabalho é algo obrigatório' para ver o seu pai ter uma satisfação real no trabalho. Isso enriqueceu todas as nossas vidas".

3. A capacidade de liderar a inovação é cada vez mais considerada nas decisões pertinentes à promoção. Apesar do que possam afirmar alguns sábios da inovação, sempre haverá oportunidades para as pessoas que *não* inovam, contanto que sejam excelentes em fazer as coisas como sempre foram feitas. Porém, cada vez mais as empresas estão levando a inovação a sério; no levantamento que fizemos com a Capgemini, constatamos que em um único ano (2011), o número de empresas que empregaram um diretor de inovação cresceu de 33% para 42%. O maior foco corporativo na inovação sugere que os gestores talentosos, porém não inovadores, podem ver a diminuição das suas oportunidades de carreira pela ascensão de líderes que dominam tanto a realização do trabalho sem inovação *quanto* a inovação como rotina.

4. A inovação pode transformar o mundo em um lugar melhor. Se você tivesse vivido no século XIII, seus filhos teriam crescido e morrido em um mundo quase igual aos dos seus pais, exceto talvez pelas crises ocasionais de peste e guerra. Apesar das desvantagens pontuais do nosso estilo de vida moderno, o passado não era particularmente um bom lugar para se viver; por exemplo, os dentistas não tinham anestesia, as pessoas não tinham direitos e até mesmo os reis e rainhas não tinham acesso aos confortos básicos que temos hoje. A inovação vale a pena porque por meio dela as pessoas podem transformar o mundo e o ambiente de trabalho em um lugar melhor para estar.

NOTAS

CAPÍTULO 1

9: *Livro de Gary Hamel e Bill Breen*: Gary Hamel com Bill Breen, *The Future of Management* (Boston: Harvard Business School Press, 2007); Julian Birkinshaw e Michael Mol, *Giant Steps in Management: Innovations That Change the Way You Work* (Upper Saddle River, NJ: FT Press/Prentice Hall, 2007).

9: *Um ótimo livro sobre isso*: Constantinos C. Markides, *Game-Changing Strategies: How to Create New Market Space in Established Industries by Breaking the Rules* (San Francisco: Jossey Pass, 2008).

24: *Você trabalha com o que os autores de Nudge*: Richard H. Tahler e Cass R. Sunstein, *Nudge: Improving Decisions About Health, Wealth and Happiness* (New Haven, CT: Yale University Press, 2008).

25: *Em seu livro Influencer*: Kerry Patterson, Joseph Greeny, David Maxfield, Ron McMillan e Al Switzler, *Influencer: The Power to Change Anything* (New York: McGraw-Hill, 2007).

25: *Por exemplo, uma pesquisa sobre hábitos alimentares*: Brian Wansink, *Mindless Eating: Why We Eat More Than e Think* (New York: Bantam, 2006).

29: *As ideias não são inventadas a partir do zero*: Andrew Hargadon, *How Breakthroughs Happen: The Surprising Truth About How Companies Innovate* (Boston: Harvard Business School Press, 2003).

29: *Exemplos importantes de inovação aberta*: A. G. Lafley e Ram Charan, *The Game-Changer: How You Can Drive Revenue and Profit Growth with Innovation* (New York: Crown Business, 2008).

31: *Biografia de Steve Jobs*: Walter Isaacson, *Steve Jobs* (São Paulo: Companhia das Letras, 2011).

37: *O lançamento da pfizerWorks*: A história completa (incluindo a citação de Kreutter) é descrita em nosso estudo de caso, "Jordan Cohen at pfizerWorks: Building the Office of the Future" (Barcelona, Espanha: IESE Publishing, 2009).

37: *Cohen foi destaque em:* Ver, por exemplo, Jena McGregor, "Outsourcing Tasks Instead of Jobs," *Business Weeks*, 11 de março de 2009; e Arianne Cohen, "Scuttling Scut Work", *Fast Company*, 1º de fevereiro de 2008.

40: *Modelos de comportamento inovador:* Para obter um exemplo recente, ver *The Innovator's DNA* de Jeff Dyer, Hal Gregersen e Clayton Christensen (Boston: Harvard Business Review Press, 2011). Outros exemplos são os vários tipos de auditorias de inovação.

42: *A perspectiva sequencial de inovação:* Mark A. Runco, "Conclusions Concerning Problem Finding, Problem Solving, and Creativity", em *Problem Finding, Problem Solving and Creativity*, ed. Mark A. Runco (New York: Ablex Publishing Corporation, 1994). Uma abordagem similar é feita pelos autores de *The Innovator's DNA*.

CAPÍTULO 2

51: *Estabelecendo objetivos claros para a inovação:* Ver, por exemplo, Kevin P. Coyne, Patricia Gorman Clifford e Renée Dye, "Breakthrough Thinking from Inside the Box," *Harvard Business Review*, dezembro de 2007.

51: *Segundo um estudo que realizamos:* Paddy Miller, Koen Klokgieters, Azra Brankovic e Freek Duppen, "Managing Innovation: Na Insider Perspective", abril de 2012. O relatório completo está disponível em nosso *site*, www.IAsUsual.com.

54: *Uma pesquisa com 1.356 gestores:* Jay Jamrog, Mark Vickers e Donna Bear, "Building and Sustaining a Culture That Supports Innovation", *Human Resource Planning* 29, no. 3 (julho de 2006).

54: *O paradoxo da escolha:* Barry Schwartz, *The Paradoxo of choice> Why More Is Less* (New York: Ecco Press, 2003).

55: *Na ausência de uma declaração específica do problema:* Ver, por exemplo, Robert Cooper e Scott Edgett, "Ideation for Product Innovation: What Are The Best Methods?" *PDMA Visions Magazine*, março de 2008.

57: *Portfólios de inovação:* Recomendamos começar pelo artigo de Bansi Nagji e Geoff Tuff "Managing Your Innovation Portfolio", *Harvard Business Review*, maio de 2012, e também pelo artigo de Vijay Govindarajan e Chris Trimble, "The CEO's Role in Business Model Reinvention", *Harvard Business Review*, janeiro de 2011.

CAPÍTULO 3

68: *Rodas na bagagem:* A história de Sadow é descrita em Joe Sharkey, "Reinventing the Suitcase by Adding the Wheel", *New York Times*, 4 de outubro de 2010, bem como em um artigo anterior no mesmo jornal, Ver Corey Kilgannon, "From Suitcases on Wheels to Tear-Free Onion Slicers," *New York Times,* 6 de agosto de 2000.

70: *Durante muitos anos os fisiologistas:* Edward de Bono, *New Think: The Use of Lateral Thinking in the Generation of New Ideas* (New York: Basic Books, 1968).

71: *Livros de Frans Johansson:* Frans Johansson, *The Medici Effect: Breakthrough Insights at the Intersection of Ideas, Concepts, and Cultures* (Boston: Harvard Business Press, 2004); e Frans Johansson, *The Click Moment: Seizing Opportunity in na Unpredictable World* (New York: Portfolio, 2012).

73: *Os métodos são de um estudo*: Robert Cooper e Scott Edgett: "Ideation for Product Innovation: What Are the Best Methods?" *PDMA Visions Magazine*, março de 2008.

77: *Citação de Erich Joachimsthaler:* Conversa pessoal com Erich Joachimsthaler, 9 de setembro de 2012.

78: *Estudo realizado por Cooper e Edgett:* Ver http://www.stage-gate.net/downloads/working_papers/wp_29.pdf

78: *Artigo de Rebecca Greenfield:* Ver http://www.theatlanticwire.com/technology/2012/07/google-doesnt-get-importance-gadget-packaging/54638/#.

81: *Apresentação da DSM em PowerPoint:* A apresentação da DSM está disponível em http://www.slideshare.net/erikpras.

82: *Mudança do layout do escritório:* Anne-Laure Fayard e John Weeks, "Who Moved My Cube?" *Harvard Business Review,* julho de 2011.

83: *Livro de Julian Birkinshaw:* Julian Birkinshaw, *Reinventing Management: Smarter Choices for Getting Work Done* (San Francisco; Jossey-Bass, 2010).

CAPÍTULO 4

100: *Todo consultor se depara com a tentação:* Ethan M. Raisel e Paul N. Friga, *The McKinsey Mind: Understanting and Implementing the Problem-Solving Tools and Management Techniques of World's Top Strategic Consulting Firm* (New York: McGraw-Hill, 2001).

107: *Citação de Henrik Werdelin:* Conversa pessoal com Henrik Werdelin, Janeiro de 2012.

111: *Como o presidente da Pixar Ed Catmull:* Ed Catmull, "How Pixar Fosters Collective Creativity", *Harvard Business Review,* setembro de 2008.

111: *Após uma sessão, cabe ao diretor:* Ibid.

CAPÍTULO 5

117: *Semmelweis e Klein:* A história de Semmelweis e seus ensaios são descritos inteiramente em Sherwin Nuland, *The Doctor´s Plague: Germs, Childbed Fever, and Strange Story of Ignac Semmelweis* (New York: W. W. Norton & Company, 2004, reimpressão), bem como no próprio relato de Semmelweis sobre o seu trabalho, *Etiology, Concept, and Prophylaxis of Childbed Fever,* tradução de K. Codell Carter (Madison, WI: University of Wisconsin Press, 1983).

120: *Mas, como Rimer nos disse:* Conversa pessoal com David Rimer, fevereiro de 2011.

121: *O problema estava relacionado:* Ibid.

NOTAS

123: *A pesquisa de Claudia Goldin e Cecilia Rouse:* Claudia Goldin e Cecilia Rouse, "Orchestrating Impartiality: The Impact of 'Blind' Auditions on Female Musicians", *American Economic Review* 90, no. 4 (Setembro de 2000): 715-741.

126: *Além disso, uma pesquisa realizada por Tanya Menon e Jeffrey Pfeffer:* Tanya Menon e Jeffrey Pfeffer, "Valuing Internal vs. External Knowledge: Explaining the Preference for Outsiders", *Management Science* 49, no. 4, (Abril de 2003).

129: *Artigo de Maynard sobre a General Motors:* Micheline Maynard, "At G.M., Innovation Sacrificed to Profits", *New York Times,* 5 de dezembro de 2008.

134: *Artigo de Kahneman sobre tomada de decisão:* Daniel Kahneman, "Don't blink! The Hazards of Confidence", *New York Times,* 19 de outubro de 2011.

CAPÍTULO 6

139: *De acordo com o sociólogo Everett M. Rogers:* Everett M. Rogers, *Diffusion of Innovations* (Glencoe, IL: Free Press, 1962).

140: *Como afirma Bown:* Stephen R. Bown, *Scurvy: How a Surgeon, a Mariner, and a Gentlemen Solved the Greatest Medical Mistery of the Age of Sail* (New York: St. Martin's Griffin, 2005).

140: *História de Gilbert Blane:* Publicamos parte da história do escorbuto na forma de um pequeno artigo, "How a Snob Stopped Scurvy," em *IESE Insight,* terceiro trimestre, setembro de 2012.

144: *Christian Budtz, coautor do livro Storytelling:* Conversa pessoal com Christian Budtz.

145: *The ticking clock:* Scott Anthony, *The Little Black Book of Innovation: How It Works, How to Do It* (Boston: Harvard Business Review Press, 2011).

145: *Como foi demonstrado por Robert Cialdini:* Ver, por exemplo, o clássico (que ainda vale a pena ser lido) de Robert Cialdini, *Influencer: The Psychology of Persuasion* (New York: Collins, 1993).

INOVAÇÃO COMO ROTINA

146: *Em Influencer, um livro que usa:* Kerry Patterson, Joseph Grenny, David Maxfield, Ron McMillan e Al Switzler, *Influencer: The Power to Change Anything* (New York: McGraw-Hill, 2007).

151: *Como um estudo de 2010 realizado por Jennifer S. Mueller:* Jeniffer S. Mueller, Jack Goncalo e Dishan Kamdar, "Recognizing Creative Leadership: Can Creative Idea Expression Negatively Relate to Perceptions of Leadership Potential?" *Journal of Experimental Social Psychology* 47 (2011): 494-498.

151: *Estudo sobre treinamento em criatividade:* Ginamarie Scott, Lyle E. Leritz e Michael D. Mumford, "The Effectiveness of Creativity Training: A Quantitative Review", *Creativity Research Journal* 16, no. 4 (2004).

CAPÍTULO 7

160: *Daniel Pink, em seu livro Drive:* Daniel H. Pink, *Drive: The Surprising Truth About What Motivates Us* (New York: Riverhead Hardcover, 2009).

161: *Ainda mais importante, porém, a pesquisa demonstrou:* Ver, por exemplo, a discussão de Teresa Amabile e Steven Kramer sobre autonomia e objetivos claros em *The Progress Principle: Using Small Wins to Ignite Joy, Engagement, and Creativity at Work* (Boston: Harvard Business Review Press, 2011).

162: *Sua filosofia era simples:* Conversa pessoal com Marc Granger. Os detalhes principais foram modificados para manter a confidencialidade.

163: *Granger descreveu um caso:* Ibidem.

166: *Abordando as piores passagens:* Uma boa leitura sobre isso é o artigo de T. Hansen e Julian Birkinshaw, "The Innovation Value Chain," *Harvard Business Review*, junho de 2007.

166: *Considere esse pequeno conselhoI* Joachim Funke, "On the psychology of creativity," em Peter Meusburger, Joachim Funke e Edgar Wunder (ed.s), "Milieus of Creativity: An Interdisciplinary Approach to Spatiality of Creativity," *Knowledge and Space* 2, Springer Science + Business Media, 2009.

168: *Em um de seus artigos, Sternberg:* Robert J. Sternberg, "The Nature of Creativity," *Creativity Research Journal* 18, no. 1 (2006).

168: *Em outro artigo:* Robert J. Sternberg, "Domain-Generality Versus Domain-Specificity of Creativity," em Peter Meusburger, Joachim Funke e Edgar Wunder (eds.), "Milieus of Creativity: An Interdisciplinary Approach to Spatiality of Creativity," *Knowledge and Space* 2, Springer Science + Business Media, 2009.

169: *Um dos assuntos da pesquisa:* Gina Colarelli O'Connor, Andrew Corbett e Ron Pierantozzi, "Create Three Distinct Career Paths for Innovators," *Harvard Business Review,* dezembro de 2009.

APÊNDICE C

190: *Jordan Cohen nos contou:* Conversa pessoal com Jordan Cohen, 2009.

ÍNDICE

5+1 comportamentos fundamentais. *Ver também comportamentos específicos*
base da criação da mudança de comportamento, 25
como e quando ocorrem os comportamentos, 42
conectar, 29
focar, 26
importância para os gestores, 41-42
modelo de, 26*f*, 40-42
persistir, 37-40
selecionar, 32-35
"stealthstorming", 35-37
Tentativa de ajuste, 30-32

abordagem da mentalidade para o comportamento, 21-22
Amabile, Teresa, 43, 51, 111, 158
Anixter, Julie, 87
Anthony, Scott, 80, 91, 146
apontar tendências, 87
Apple, 30
arcabouço das tarefas a serem realizadas, 101-102
arquitetos/líderes da inovação
abordagem a ser adotada, 122-123
comportamentos relacionados à inovação (*ver* 5+1 comportamentos fundamentais)
arquiteto da inovação em ação, exemplo de, 119-122
chave para a mudança de comportamento bem-sucedida, 20-21
ideias chave sobre ser, 19-20
miopia da mentalidade e, 21-22
o "problema da manhã de segunda--feira" e, 173-176

orientação dos *gatekeepers* (*ver* estratégias de aperfeiçoamento dos *gatekeepers*)
papel da, 17-18, 22
realidade das mentes fechadas, 22-23
reconhecer que o sistema afeta o comportamento das pessoas, 23-24
arquitetura da escolha, 24

Bear, Donna, 53
Birkinshaw, Julian, 18, 83
Blane, Gilbert, 139-140
Blank, Steve, 44, 91
Bloom, D. Dudley, 68
Bown, Stephen R., 139
Branson, Richard, 168
Braun, Carl, 117
Breen, Bill, 18
Budtz, Christian, 144
Bulwer-Lytton, Robert, 155-156

caixas de sugestões, 82-83
capitalistas de risco (VCs), 119-122
Carr-Waldron, Tanya, 84, 142
Catmull, Ed, 110-111
Chalmers, David, 63
Charan, Ram, 30
Christensen, Clayton, 43, 101, 124
Cinco Porquês, 101
Cisco, 96
Clark, Andy, 44
Click Moment, The (Johansson), 71
clientes. *Ver* conectar ao mundo do cliente
Cohen, Jordan, 35-37, 84, 141, 149, 167
comportamentos fundamentais. *Ver* 5+1 comportamentos fundamentais
comunidade MIX, 87

concebendo o ambiente decisório, 120-121

conceito da área de segurança e foco, 58, 60-62, 66

conceito de equipe de confiança, 110

conceito do "tique-taque do relógio" em inovação, 146

conectar

"a ideia vem de fora", 28-30

a mundos novos e dissociados, 86-87

ao mundo do cliente (*ver* conectar ao mundo do cliente)

aos colegas (*ver* conectar com os colegas)

grupos de discussão e, 80

ideias encaradas como quebra-cabeça, 71-2

importância dos espaços criativos para, 29-30, 70-71, 81-82

inovação recombinante e, 69-70

invenção da mala com rodinhas, exemplo de, 67-68

itens de ação para ajudar as pessoas a se conectarem, 88

tendência das empresas a olharem para o futuro em busca de inspiração para os produtos, 68-9

conectar ao mundo do cliente

conectar aos colegas

ampliando a busca de ideias, 78-81

mantendo as coisas simples, 85-86

manter as reuniões interdisciplinares, 84-85

plataformas de gestão de ideias, uso das, 82-83

trazer pessoas de fora, 83-84

utilização dos espaços físicos para fazer conexões internas, 81-82

Cooper, Robert G., 43, 72, 76-77, 80, 119

corretores de poder

a história da execução de uma ideia, 139-140

dicas para conectar as pessoas com os patrocinadores, 141-143

valor de ter um patrocinador, 140-142

crowdsourcing de ideias, 76-77

Csikszentmihalyi, Mihaly, 43, 93, 94

de Bono, Edward, 69

design thinking, 106-107

Dewey, John, 94

Diageo, 126

Drive (Pink), 160

Dropbox, 96-98

DSM, 78

Duppen, Freek, 50

Dyer, Jeff, 101

ecossistema de inovação, 42

Edgett, Scott, 73, 77, 80

Egmont, 86-87

escorbuto e um corretor de poder, 133-140

estratégias de aperfeiçoamento da atuação do *gatekeeper*. *Ver também* selecionar

"ofuscar" os *gatekeepers*, 123

abordagem que os arquitetos da inovação devem adotar, 122-123

arquiteto da inovação em ação, exemplo de, 119-122

controlar os *gatekeepers*, 134-135

criar canais separados para as ideias inovadoras, 124

critérios de análise para avaliar ideias, 129-132

dicas para interromper projetos existentes, 132-133

incentivos dos *gatekeepers*, consideração dos, 131

métodos para aperfeiçoar o processo de *gatekeeping*, 127-128

métodos populares para avaliar ideias, 125

papel do líder no processo de *gatekeeping*, 33-35

tendência posicional da unidade afetada, 126-127

tendência posicional de um avaliador independente, 126-128

tendência posicional de um chefe direto, 126

experiência de domínio, 158, 159

"falácia do bem-estar," 110

"fatores de higiene" e motivação, 168-170

Fayard, Anne-Laure, 81-82

feedback para uma ideia nova. *Ver* testar uma solução

Filmadora Canon versus Flip, 94-96

Flip *versus* Filmadora Canon, 94-97

focar

"o foco é mais importante que a liberdade", 26-28

coletar ideias que valem a pena ser executadas, 54-57

consequências de uma falta de direção, 53-55

Custo oculto da "liberdade para inovar", 50

definir os limites da busca, 60-62

esclarecer o objetivo e, 58-60

escolher qual nível da empresa decide em que focar, 59-60

estabelecendo limites sobre as ideias, 48-49

estratégias de inovação, conteúdo das, 52

itens de ação para ajudar as pessoas a focarem, 65-66

metáfora do holofote para orientar a inovação, 65

mudar o espaço de busca para novas áreas, 62-64

possíveis objetivos para focar, 58

problema da estratégia de inovação obscura, 50-53

problema do número excessivo de ideias aleatórias, 47-48

pros e contras da liberdade, 57

Friga, Paul N., 100

Future of Management, The (Hamel e Breen), 17-18

Game-Changer, The (Lafley e Charan), 30

Game-Changing Strategies (Markides), 18-19

General Motors, 129-130

gestão da marca pessoal, 150-151

Getzels, Jacob, 43, 94, 94

Giant Steps in Management (Birkinshaw e Mol), 18

Gibson, Rowan, 87

giro, 30-31

Gladwell, Malcolm, 31

Go Travel, 62-64

Goldin, Claudia, 123

Goncalo, Jack, 151

Google, 128-129

Govindarajan, Vijay, 43

Granger, Marc, 37-40, 84, 161-164

Greenfield, Rebecca, 77-78

Greeny, Joseph, 12

Gregersen, Hal, 101

grupos de discussão, 80

Guilford, J. P., 50-51

Hamel, Gary, 18, 43, 87

Hargadon, Andrew, 29, 43, 69-70

Heath, Chip, 44

Heath, Dan, 44
Herzberg, Frederick, 169
Hidden in Plain Sight (Joachimsthaler), 77
História do E-850 (na DSM), 78-79
Hospital Geral de Viena, Áustria, 115
How Breakthrough Happen (Hargadon), 70

IDEO, 44, 107
IESE Business School, 44, 87, 104
Imaginatik, 83
Implementação do engradado da cerveja Carlsberg, 109
Index Ventures, 119-121
Influencer (Patterson e colaboradores), 25, 146
Innosight, 44
Innovate or Perish (Jamrog), 118-119
InnovationExcellence.com, 87-88
Innovator's DNA, The (Dyer, Gregersen, Christensen), 101
inovação recombinante, 28, 69-70
Inovação
  corpo de pesquisa sobre conhecimento, 43-44
  finalidade do livro, 15-16
  foco em um modelo de comportamento comprovado, 41-42
  possibilidade de, 16-17
Institute for Corporate Productivity, 125
intersecções (como espaços criativos), 70-71, 179
invenção da mala com rodinhas, 67-69
invenção da mala com rodinhas, 67-69
Isaacson, Walter, 30

Jamrog, Jay, 53, 118
Joachimsthaler, Erich, 76-7
Jobs, Steve, 30, 81-82
Johansson, Frans, 70-71, 179

Kahneman, Daniel, 43, 134
Kalvig, Siri, 86-87
Kamdar, Dishan, 151
Kelly, Braden, 87-88
Kendall, Mike, 26-27
Kickstarter, 128-129
Klein, Johann, 115-116, 126, 127
Klokgieters, Koen, 51
Kragh, Steffen, 86
Kramer, Steven, 110-111
Kreutter, David, 36-37, 140-141

LaBarre, Polly, 87-88
Lafley, A.G., 30-31
Lawson, Emily, 21
Lego, 147
Leritz, Lyle, 151
Levchin, Max, 93
Levitt, Theodore, 92-93
Lewin, Kurt, 20-21
liderar a inovação. *Ver* arquitetos/líderes da inovação
Lister, Joseph, 116-117
Little Bets (Sims), 108
Little Black Book of Innovation, The (Anthony), 146
Lonza
  custo oculto da "liberdade para inovar", 49-50
  definição de limites sobre as ideias, 48-50
  problema do número excessivo de ideias aleatórias, 47-49
  sobre, 47-48
Lubart, Todd, 168

Markides, Constantinos, 18-19
Maynard, Micheline, 129-130
McDonald's, 76
McGrath, Rita, 91

ÍNDICE

McKinnel, Henry, 149
McKinsey & Company, 99-100
McKinsey Mind, The (Rasiel e Friga), 100
Medici Effect, The (Johansson), 70-71
Menon, Tanya, 126
Meredith, Owen, 156
meta de identificar uma necessidade ou
problema não satisfeito, 74
aumentar a exposição dos funcionários
aos clientes, 76-78
classificação dos métodos para gerar
ideias, 72-73
crowdsourcing de ideias, 75-76
imersão e, 76-77
metáfora do holofote para orientar a
inovação, 65-66
mídia social e conexões, 86-87
Mol, Michael, 18
motivação intrínseca
ativar a experiência pessoal, 157-158
conectar as pessoas ao que elas conhecem e gostam, 158-160
dar às pessoas autonomia, propósito e
colegas de equipe, 160-161
equilibrar liberdade e controle, 161-164
motivação extrínseca versus, 156-157
originalidade versus utilidade de uma
ideia, 158-159
pontos de asfixia da, 165
motivação para a criatividade. *Ver* persistir
motivação pessoal, *Ver* persistir
mudança de comportamento, 20-21, 23-
24. *Ver também* 5+1 comportamentos
fundamentais
Muller, Jennifer S., 151
Mumford, Michael, 43, 151
MyStarbucksIdea.com, 75-76

Nudge (Thaler e Sunstein), 24

NutroFoods Bélgica, 26-28, 37-40, 58, 84,
161-164

"ofuscar" os *gatekeepers*, 123
O'Reilly, Charles, 124
Omidyar, Pierre, 144
Ørjan, Anders, 150
Orr, Bob, 140

paradoxo da escolha, 54
patrocinadores de ideias. *Ver* "stealthstorming"
Patterson, Kerry, 25, 146
PayPal, 92-93
PepsiCo, 113
Persistir
importância para os gestores, 156-157
itens de ação para ajudar as pessoas a
persistirem, 171
motivação intrínseca e (*ver* motivação
intrínseca)
poder da motivação pessoal, 37-40
recompensas extrínsecas e (*ver* recompensas extrínsecas)
pesquisa com usuários especiais, 74
pesquisa sobre Ótimo Lugar para Trabalhar, 40
Pfeffer, Jeffrey, 126
pfizerWorks, 36-38, 78-79, 83, 138, 140-
142, 144-146, 149, 166167
Pink, Daniel, 160-161
Pixar, 110-111
plataformas de gestão de ideias, 82-83
Plath, Robert, 68
política de inovação. *Ver* "stealthstorming"
Pras, Erik, 78-79
Prehype, 43, 107
Previdoli, Felix, 47
Price, Colin, 21

"Problema da manhã de segunda-feira",
173-176

Problem Finding, Problem Solving, and Creativity (Runco), 94-95

processos por etapas (*stage-gate*), 118

Procter & Gamble, 29-30

Progress Principle, The (Amabile e Kramer), 110-111

prototipagem rápida, 106-108

"Psychology of Change Management" (Lawson e Price), 21

"questorming," 101

Quora, 97

Rasiel, Ethan M., 100

Raynor, Michael, 101-102

recompensas extrínsecas
  como "fatores de higiene", 169
  definição do fracasso aceitável, 170-171
  motivação extrínseca versus intrínseca, 157
  papel na criatividade, 164-166
  recompensar a "opção pela inovação", 170-171
  reconhecer os limiares do comportamento inovador, 167-169
  reconhecer que a inovação é trabalho duro, 166-167

reenquadrar o problema. *Ver* tentativa de ajuste

Reinventing Management (Birkinshaw), 82-83

Rimer, David, 119-122

Rogers, Glenn, 62-64

Roland, Jon, 101

Rollaboard, 67

Rouse, Cecilia, 123

Runco, Mark A., 94-95, 158-159

Sadow, Bernard D., 67-68

Sarasvathy, Saras, 43-44

Sawyer, Keith R., 43

Schwartz, Barry, 54

Scott, Ginamarie, 151

Scurvy (Bown), 139

selecionar
  "a maioria das ideias é ruim", 32
  estratégias para aperfeiçoar
    gatekeeping (*ver* estratégias para aperfeiçoar a atuação dos *gatekeepers*)
  gatekeepers tomando decisões ruins, exemplo de, 115-117
  importância da boa atuação do *gatekeeper*, 116-119
  itens de ação para ajudar as pessoas a selecionarem as ideias, 135
  processo de filtragem de ideias e, 32-35, 118

Semmelweis, Ignaz Füllop, 115-117, 126, 126-127

Simonton, Dean Keith, 43-44

Sims, Peter, 108

Starbucks, 75-76

Sternberg, Robert, 44, 167-169

StormGeo, 86-87

Storytelling (Budtz), 143

Sustein, Cass, 24, 44

sustentar a inovação, 124

Sutton, Robert I., 43

"stealthstorming"
  ajudar as pessoas a criarem uma história em torno da sua ideia, 142-144
  ajudar as pessoas a garantir mais recursos, 149-150
  ajudar as pessoas a gerirem sua marca pessoal, 150-151
  criar experiências pessoais convincentes, 146-148

ÍNDICE

criar o espaço político para a inovação, 35-37

definição, 35

dicas para conectar as pessoas com os patrocinadores, 141-142

eficácia do treinamento em criatividade, 151-152

gerar ideias de sucesso rápidas, 144, 146

história da execução de uma ideia, 139-140

inevitabilidade da política, 137

itens de ação para ajudar as pessoas a angariarem apoio, 152

prova social utilizada para vender ideias, 145

valor de ter um patrocinador, 140-142

ted.com, 86-87

tendências posicionais dos *gatekeepers*, 126-128

tentativa de ajuste

"as primeiras ideias são deficientes", 30-31

base da descoberta de problemas da inovação, 93-94

certificar-se de que o teste é real, 113

chave para tornar a crítica útil, 111

contestar os pressupostos dos problemas centrais, 94-99

diagnóstico do problema através do reenquadramento estruturado, 99-100

exposição ao *feedback* crítico 16-17, 108, 110

itens de ação para ajudar as pessoas a ajustarem as ideias, 144

métodos para reenquadrar o problema, 100-101

modelo de inovação real, 91

perguntas para ajudar as pessoas a reenquadrar o problema, 101-103

poder da, no trabalho, 31-32

priorizar o reenquadramento e o teste, 113

probabilidade de que uma ideia nova venha a precisar de mais desenvolvimento, 91-93

prototipagem rápida, 106-108, 109

reenquadramento utilizado na prática, exemplo de, 103-105

teste e experimentação utilizados como ferramentas de aprendizagem, 106

uso estruturado do *feedback*, exemplo de, 110-111

teoria do investimento em criatividade, 168

testar uma solução

certificar-se de que o teste é real, 111-113

chave para tornar a crítica útil, 111-112

exposição à opinião crítica e, 108, 110

prototipagem rápida, 106-108, 109

teste e experimentação utilizados como ferramentas de aprendizagem, 106

uso estruturado do *feedback*, exemplo de, 110-111

Thaler, Richard, 24, 44

Thiel, Peter, 92

Thinking, Fast and Slow (Kahneman), 134

tijolos Mindstorm (Lego), 147

treinamento em criatividade, 151-152

Trimble, Chris, 43

Tropicana, 113

Turrell, Mark, 33-34, 83, 123

Tushman, Michael, 43, 124

TV2, 149-150

Tversky, Amos, 44

Twitter, 87

Underhill, Paco, 43

Val, Fernando, 18-19
Verweerden, Theo, 80
Vickers, Mark, 53
Vivaldi Partners, 43, 77
von Hippel, Eric, 74
Vueling, 18

Wallas, Graham, 42
Wansink, Brian, 24-25, 44

Wedell-Wedellsborg, Gregers, 149-150
Wedell-Wedellsborg, Thomas, 44, 167
Weeks, John, 81-82
Weisberg, Robert, 70-71
Werdelin, Henrik, 107, 111
Winning Through Innovation (Tushman e
  O'Reilly), 124
Wolfe, Michael, 96

Zwerink, Steven, 79

AGRADECIMENTOS

Algum tempo atrás, em um daqueles lindos dias que são comuns em Barcelona, nos sentamos em um escritório na IESE Business School e resolvemos escrever as nossas ideias. Nesse ponto, Paddy já havia publicado um livro chamado *Mission Critical Leadership*, que ele levou um ano para escrever. Como éramos duas pessoas, imaginamos que este livro nos custaria *meio* ano para escrever.

Isso, caro leitor, não é como a aritmética de escrever um livro funciona. Este livro é um trabalho intelectual totalmente compartilhado, nascido da nossa longa colaboração e gerado por nós dois em igual medida. No entanto, estamos longe de ser seus únicos autores. Assim como as inovações que descrevemos nestas páginas, nossas ideias se tornaram realidade, ao longo de um extenso período de tempo, pelos espaços criativos que tivemos a felicidade de imergir. A seguir, em ordem mais ou menos aleatória, fizemos uma lista das muitas pessoas que, juntas, formaram a arquitetura social e profissional que nos permitiu escrever esse livro. Obviamente, se tiverem sido cometidos quaisquer erros nestas páginas, ~~a culpa é dessas pessoas~~ somos os únicos responsáveis.

OS GESTORES. Acima de tudo, este livro não teria sido possível sem todos esses gestores que, ao longo dos anos, gentilmente nos deixaram fazer parte de duas vidas diárias, nos fazendo ver como eles faziam a inovação acontecer. Muitos desses gestores se tornaram nossos amigos e vários contribuíram para este livro com ideias próprias: Jordan Cohen na Pfizer, Duncan Newsome na Diageo, Rory Simpson na Telefónica, Michael Campbell na Dana Corporation, David Rimer na Index Ventures, Rich Raimundi, Paul Jeremaes e Christine Pillon na HP, Karen Morris na Chartis Insurance, Glenn Rogers na Go Travel, Tricia Kullis na Puig e muitos outros que não conseguimos mencionar pelo nome (mas, você sabe quem você é).

210 INOVAÇÃO COMO ROTINA

Somos especialmente gratos a Henrik Werdelin da Prehype, que de muitas maneiras foi coautor das ideias e conceitos neste livro. Se tivéssemos que indicar um modelo de papel vivo para os arquitetos da inovação e pensadores radicais similares, seria Hendrik.

OS COLEGAS. Examinando a nossa própria arquitetura de inovação, reconhecemos que a IESE Business School fez toda a diferença. Acima de tudo, nosso reitor, Jordi Canals, deu apoio resoluto para o livro, comparável apenas à sua paciência à medida que a escrita e a edição seguiam preguiçosamente rumo à conclusão. Eric Weber, Frederic Sabrià, Giuseppe Auricchio, Mireia Rius, Mike Rosenberg, Pedro Videla e M. Isabel de Muller também deram um apoio crucial em vários estágios do processo.

Nosso pensamento foi inspirado continuamente pelo trabalho dos nossos companheiros estudiosos da inovação: Josep Valor, Tony Dávila, Sandra Sieber, Joaquim Vilà, Bruno Cassiman, Fabrizio Ferraro, Magda Rosenmöller, Julia Prats, Alejandro Lago, Victor Martínez de Albéniz, Evgeny Káganer, Jan Simon, Marco Tortoriello, Pedro Nueno e José Luis Nueno. Marta Elvira, Carlos Sanchez-Runde, Brian O'Connor Leggett, Max Torres e os nossos outros colegas no departamento de Gestão de Pessoas nas Organizações forneceram um ambiente amistoso sempre estimulante, como fizeram Wim den Tuinder, Luise Zinke, Berit Dencker, Mark Wuyten, David Zorn, Idunn Jónsdóttir, Sylvia Johansson, Katherine Semler, Megan Shapleigh e todas as outras pessoas ótimas da IESE.

Também somos gratos às equipes de empreendedores corporativos da IESE em todo o mundo, especialmente a Kip Meyer, Paul Gallagher, Rich Sabreen, Begoña de Ros Raventós e Elisabeth Boada em Nova York; Andreas Bernhardt e Christoph Burger na ESMT em Berlin; e a equipe na China Europe International Business School (CEIBS): Pablo Fernandez, Juan Antonio Fernandez, Rama Velamuri, Hobbs Liu e Claudia Lin. Um agradecimento especial vai para Azra Brankovic, nosso incansável pesquisador associado, Susana Minguell Moya-Angeler, cuja experiência foi inestimável, e Pila Pallas Sanchez, que nos manteve sãos e sorridentes por todo o processo.

AGRADECIMENTOS

O AGENTE. Esmond Harmsworth, extraordinário agente literário, pegou a nossa proposta bruta do livro e nos guiou pelas várias rodadas de revisão cuidadosas, orientando-nos pacientemente enquanto martelávamos as nossas ideias em um todo coerente. Junto com Joanne Wyckoff, Caryn Levin e o resto de sua equipe na Zachary Schuster Harmsworth, Esmond provou ser uma companhia inestimável para o processo de publicação: ajudando-nos a moldar nossas ideias, lidando habilmente com as ocasionais complicações e geralmente sendo a voz da razão, apoio e apartes sussurrados e bem-humorados. Consideramos-nos unicamente afortunados por conseguirmos um agente como Esmond, que não só entende publicar, mas que também possui uma compreensão pessoal profunda da inovação e pôde nos ajudar a elucidar as nossas ideias centrais.

O EDITOR. Junto com Esmond Harmsworth e Henrik Werdelin, nossa editora Melinda Merino da Harvard Business Review Press é o "Quinto Beatle" deste livro. A mão editorial invisível por trás de *Blue Ocean Strategy* e de muitos outros best-sellers, Melinda não só acreditou no potencial do nosso livro — ela nos ajudou a realizar o potencial, passando incontáveis horas trabalhando conosco no manuscrito. As opiniões construtivas de Melinda e as sugestões pontuais para aperfeiçoamentos, guarnecidas com generosas porções de elogios e humor, tornaram o processo editorial um prazer e foi extremamente útil para esclarecer e condensar as nossas ideias.

Também nos beneficiamos muito dos comentários detalhados de quatro especialistas em inovação — Scott Anthony da Innosight, Julian Birkinshaw da London Business School, Alberto Colzi e Astrid Sandoval — que concordaram gentilmente em rever o nosso manuscrito e fornecer opiniões sobre ele. Somos muito gratos por seus comentários e sugestões criteriosos, que provaram ter um valor crucial enquanto trabalhávamos para melhorar o livro.

Finalmente, a equipe de Melinda em Harvard — Courtney Cashman, Erin Brown, Elizabeth Baldwin, Sally Ashworth, Jeniffer Waring, Stephani Finks, Nina Nocciolino, Tracy Williams, Mary Dolan, John Wynne, Audra Longert, David Champion e Jane Gebhart — tornaram um prazer fazer parte do processo inteiro e lidaram com as nossas ocasionais excentricidades com generosidade e humor. Juntos, eles formam uma das equipes de edição mais capazes, profissionais e bem lubrificadas que o mundo tem para oferecer.

OS APOIADORES. Além dos nomes anteriormente citados, um pequeno exército de pessoas nos ajudou ao longo do caminho. O intelecto afiado de Astrid Sandoval ajudou a moldar as nossas ideias nascentes e seu conselho exerceu um papel fundamental no processo de publicação. A mente afiada de Christopher Lorenzen nos deu muitas ideias novas para o livro. A compreensão profunda da criatividade e do *branding* de Casper Willer nos deu novas perspectivas sobre o nosso próprio raciocínio. O olha único de Christian Budtz para a comunicação estratégica criativa elevou o livro a um nível novo. As perspectivas de Anders Ørjan sobre a *realpolitik* organizacional nos fizeram compreender a necessidade de uma abordagem diferente para a inovação. Luciana Silvestri da Harvard Business School nos emprestou a sua mente incandescente e o seu conhecimento abrangente da literatura acadêmica. O Café G em Copenhagen e o Nerkli Parc café em Mova York, comandados por Mark Hernandez e Brook Harkavy Hernandez, proporcionaram ambientes perfeitos para escrever. Andy Cairns, Mark Turrell, Sylvia Bellezza, Koen Klokgieters, Freek Duppen, Robert Christofferson, David Collins, Steven Dean, Anne Skare Nielsen, Bruce MacDonald, Harris Gordon, Mike Bayler, Tanya Carr-Waldron, Seth Appel, Agathe Blanchon-Ehrsam, Nick Hahn, Tammy Tan, Mike McCready, Jack Coyne, Steven Poelmans, Erin McCloy e Bo Kousgaard forneceram peças para o quebra-cabeça. Uma série de amigos nos forneceu informações nos primeiros rascunhos, incluindo Ann Akari Kohatsu, Sophie Jourlait-Filéni, Juliaan Bol, Rasmus Vendler Toft, Pooja Midha e Jonas Heide Smith. Lise Lauridsen e John Sheeley proporcionaram paz de espírito.

Um agradecimento especial vai para os empresários dinamarqueses, que nos ajudaram em tudo, desde as sugestões de conteúdo até apoio geral estratégico e emocional: Philip Petersen, Julie Paulli Budtz, Maria Fiorini, Metter Walter Werdelin, Ulrik Trolle, Peter Heering, Hans Werdelin, Marie Kastrup, Johan Frøshaug, Cecilie Muus Willer, Marcus Knuth,

Simon Schultz, Birgit Løndahl, Niels Jørgen Engel, Lisbet Borker, Mik Strøyberg, Anna Frellsen, Flemming Fog, Gritt Løschenkohl e o melhor padrinho do mundo, Mikael Olufsen.

Devemos uma gratidão especial a Erich Joachimsthaler, que nos ajudou a dar o primeiro passo crítico em nossa jornada e que foi uma fonte constante de conselho, apoio e boas ideias durante todo o processo. Erich, obrigado por toda a inspiração.

A FAMÍLIA. Por último, mas não menos importante, se houvesse um prêmio Nobel para a paciência de amar, nossas duas famílias certamente o teriam recebido várias vezes. Nada disso teria sido possível sem Sara, Sebastian, Georgina, Gitte, Henrik, Gregers, Merete, Clara, Carl-Johan e Arendse. Nós amamos vocês.

SOBRE OS AUTORES

PADDY MILLER é professor de Gestão de Pessoas nas Organizações na IESE Business School, em Barcelona. Um especialista em liderança e cultura corporativa consultado mundialmente, ele tem mais de vinte e cinco anos de experiência trabalhando com grandes empresas. Paddy trabalhou com altos executivos em empresas, como Nike, Lufthansa, Henkel, Bayer, L'Oréal, Boeing, Citi e Banco Mundial, dentre muitas outras. Como palestrante, ele apareceu no World Business Forum, World Innovation Forun e no Talent Management Summit do *The Economist.*

Além do seu trabalho na IESE e no mundo empresarial, Miller é um concorrido palestrante para programas executivos nos Estados Unidos, Europa e Ásia, e ministrou cursos de educação executiva oferecidos pelas escolas de negócios da Harvard University, University of Virginia, University of Cape Town e China Europe International Business School em Xangai.

Miller é doutor em administração pela IESE Business School e tem um MBA pela University of Cape Town na África do Sul. Ele é autor de *Mission Critical Leadership* e escreveu mais de 35 estudos de caso. Seu trabalho sobre equipes distribuídas globalmente foi premiado pela Academy of Management.

THOMAS WEDELL-WEDELLSBORG é sócio na The Innovation Architects, uma empresa de consultoria em gestão sediada na cidade de Nova York. Um especialista em inovação e criatividade corporativa, ele trabalhou com gestores em quase todas as partes do mundo, incluindo a China, Índia, Rússia, Cingapura, Inglaterra, França, Estados Unidos e seu país natal, a Dinamarca. Ele fundou duas *start-ups* no espaço das novas mídias e atua como consultor para a BBC Worldwide Labs.

Wedell-Wedellsborg é um palestrante empresarial frequente e ministrou palestras em eventos como o Executive Summit da HP, HCS Fall Leadership Meeting da Johnson & Johnson e Management Conference do Egmont Group. Ele também é professor na IESE Business School, onde leciona em vários programas de educação executiva. Sua pesquisa foi publicada no *Financial Times* e na *Harvard Business Review.*

Wedell-Wedellsborg tem MBA pela IESE Business School e é mestre em ciência de mídia e economia pela University of Copenhagen. Antes da sua carreira na iniciativa privada, ele serviu durante muitos anos como oficial e comandante de pelotão de infantaria na Danish Royal Guards.